Début d'une série de documents en couleur

ARMAND SILVESTRE

L'ÉPOUVANTAIL
DES
ROSIÈRES

PARIS
A LA LIBRAIRIE ILLUSTRÉE
7, RUE DU CROISSANT, 7

Tous droits réservés

À LA MÊME LIBRAIRIE

ET CHEZ TOUS LES LIBRAIRES

ARMAND SILVESTRE

LES CAS DIFFICILES

Un beau volume in-18 jésus. Prix . . . . **3 fr. 50**

AU PAYS DU RIRE

Un beau volume illustré par BLASS. Prix . . **3 fr. 50**

LES GAULOISERIES NOUVELLES

Un beau volume, illustré par JOB. Prix : **3 fr. 50**

FABLIAUX GAILLARDS

Un beau volume, illustré par BLASS. Prix . . . . **3 fr. 50**

JOYEUX DEVIS

Un beau volume, illustré par BLASS. Prix : **3 fr. 50**

ÉMILE COLIN. — IMP. DE LAGNY

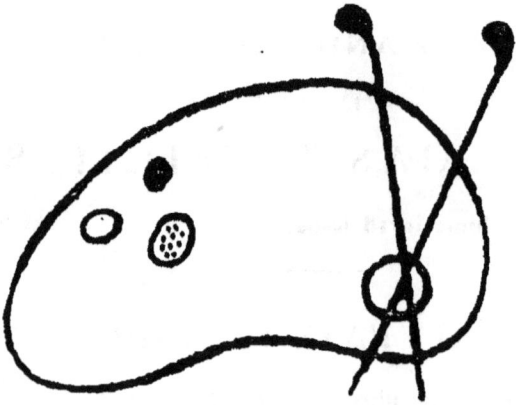

Fin d'une série de documents
en couleur

L'ÉPOUVANTAIL
DES ROSIÈRES

ÉMILE COLIN — IMPRIMERIE DE LAGNY

ARMAND SILVESTRE

L'ÉPOUVANTAIL

DES

ROSIERES

PARIS
ERNEST KOLB, ÉDITEUR
8, RUE SAINT-JOSEPH, 8

Tous droits réservés

FLUTE ET BASSON

FLUTE ET BASSON

I

Et, comme après huit jours de mariage, sa mère la contemplait avec une inquiétude douce, interrogeant, autour de ses yeux encore candides, les meurtrissures alanguies et bleues qu'y laisse le plaisir :

— Mon Henriette, lui demanda tout à coup madame Lhermine, es-tu contente de ton mari?

C'est avec un soupir étonné, mais cependant manifeste, qu'Henriette répondit à sa mère :

— Oui!

Cet: oui sembla encore augmenter l'anxiété de madame Lhermine :

— Tu me caches quelque chose, mon enfant, reprit-elle. C'est bien mal à toi !

Henriette se redressa lentement sous ce reproche, comme un roseau que l'orage aurait ployé et qu'une brise coupante relève en le cinglant. Avec une vraie douleur dans la voix et comme rompant à regret le silence, elle murmura :

— Ah ! maman ! Si tu savais ce qu'il me fait !

A son tour, madame Lhermine eut un sursaut et sa belle chevelure blanche de veuve se dressa sur son front comme une floraison de lilas :

— Jour de Dieu ! que me dis-tu, ma fille ? Le misérable outrepasserait-il les droits que lui donnent la loi divine et la loi humaine qui règlent d'accord les hyménées ?

— Oh ! non ! ma mère... ou, du moins, je n'en sais rien. Enfin, ce qu'il me fait est affreux, abominable, impossible à supporter plus longtemps !

— Quoi donc, enfin ?

— Eh bien ! il me ronfle au nez la moitié de la nuit !

Madame Lhermine eut un soupir de soulagement :

— Mon enfant, reprit-elle doucement, la moitié de la nuit ce n'est pas beaucoup. Feu ton père employait à cela la nuit tout entière, et ce n'est pas pour cela que je le pleure. Quand le bon Dieu qui, paraît-il, aime cette musique-là, me l'a repris, je commençais cependant à lui en faire perdre l'habitude par un moyen qui ressemble fort aux remèdes de bonnes femmes et que je vais t'indiquer pour ton bien.

Et, prenant dans ses mains de marquise un peu ridées, mais charmantes encore, les doigts, polis comme des fuseaux d'ivoire, de sa fille, elle continua :

— C'est un fait qui paraît acquis à la science des bonnes gens, qu'un ronfleur se tait aussitôt qu'il entend siffler auprès de lui. Essaye !

— Mais, maman, je ne sais pas siffler.

— Essaye, te dis-je.

II

Henriette était obéissante, et ce fut un spectacle charmant que celui des grimaces qu'elle fit pour arriver à produire un son aigu entre ses jolies lèvres ramassées en cul de poule. Deux fossettes invraisemblables se creusaient au velours rose de ses joues, son menton vibrait comme un gosier de rossignol et ses petites narines palpitaient comme des ailes de papillon. Et elle poussait ! elle poussait ! Ou bien, elle aspirait bruyamment et se donnait plus de souffle et recommençait à allonger la bouche, en ne laissant qu'un petit trou entre les dents... Mais rien ne sortait. Le son fusait sans résonner. Elle était impatiente et désespérée.

— Allons au fond du jardin, lui dit sa mère. Là le merle te donnera des leçons.

Elles s'enfoncèrent dans une grande allée sombre,

sous les tilleuls en fleurs qui grisaient le vol des grandes mouches vertes et qui laissaient passer, entre leur feuillage, une pluie d'or dont les larges gouttes demeuraient sur le sable comme pour tenter une nouvelle Danaë. Leurs toilettes légères et presque pareilles leur donnaient, de loin, l'air de deux sœurs, et la brise mêlait, en passant au-dessus de leurs têtes nues, les boucles noires et les mèches blanches, comme passent les ailes sombres des bourdons sur les lis.

Au bout de l'avenue était un banc aux coins rongés par la mousse. Elles s'y assirent à côté l'une de l'autre, dans un oblique rayon de lumière qui leur baignait seulement les épaules et allongeait, devant elles, leurs ombres jumelles sur le sable gris fin comme de la terre tamisée.

Un nid de merles n'était pas loin, caché au profond des verdures. L'oiseau que Musset compare à un marguillier en train de manger une omelette, commença son bruit monotone, mais doucement, comme un spectateur mélancolique à une pièce qui l'ennuie. Et s'inspirant des sons qu'il poussait, comme un violon qui se met au diapason, Henriette fit de nouveaux efforts pour l'imiter.

— Bravo! lui dit tout à coup sa mère.

Et, de fait, le secret lui était venu. Elle sifflait! Elle sifflait même bien, fort et juste.

Ce que c'est que les leçons de la Nature cependant!

III

Et le soir même, elle tentait l'épreuve sur son mari; et celui-ci se taisait comme par enchantement. Car ce n'est pas une billevesée que ce pouvoir mystérieux du sifflement sur les nasales symphonies, sur les nocturnes mélopées dont certains dormeurs sont prodigues, au grand préjudice du sommeil de leurs voisins. Le lendemain, elle recommença et obtint un succès pareil — et les nuits suivantes encore, si bien qu'au bout d'une semaine, le malheureux époux, n'osait plus risquer le moindre grognement de son orgue naturel supérieur.

Mais comme la fatalité ne perd jamais ses droits ! Ou plutôt comme la Nature qui, d'après les anciens physiciens, a horreur du vide, est compensatrice dans ses moindres actions ! Tous les physiologistes et tous les Darwiniens convaincus auront deviné déjà ce qui arriva et était aisé à prévoir. La grande quantité de souffle que le mari d'Henriette avait pris l'habitude, depuis sa jeunesse, d'exhaler par la gorge et par les fosses nasales prit soudain une autre direction. Ce vent persécuté se chercha ailleurs quelque soupape de dégagement, quelque autre issue également sonore. Car ce n'était pas un de ces zéphyrs modestes qui se résignent à être muets. C'était une de ces brises de tempérament parlementaire dont sont faites les âmes des députés et des avocats et qui ont absolument besoin de vacarme. *Quo non descendam !* s'écria-t-il dans son mauvais latin de Soissonnais. Le gendre de madame Lhermine ne soufflait plus ; mais un beau matin Henriette tomba éplorée dans les bras de sa mère.

— Ah ! ah ! ah ! maman, fit-elle, quel affreux conseil tu m'as donné !

— Eh quoi ! lui demanda l'excellente dame tout émue. Ton mari ronfle-t-il toujours ?

— Ce qu'il me fait est bien pis encore. Il...

Le mot s'arrêta dans sa jolie gorge. Elle en murmura sans doute un synonyme transparent à l'oreille de madame Lhermine, car celle-ci indignée s'écria :

— Mais c'est donc une nature indomptable que cet homme-là !

Et elle se mit à réfléchir en femme sensée qu'elle était.

IV

— Viens encore dans le jardin, ma fille, dit-elle. Les souffles du soir dans l'épaisseur tremblante des arbres m'inspireront.

Un petit bois de sureau était autour d'un pavillon en treillage où les chèvrefeuilles grimpaient, et les grands liserons dont l'œil se clôt au premier rayon de lune. Chacun sait que la tige du sureau est creuse, ou du moins, occupée par une moelle inconsistante qu'on en chasse aisément. Il doit à cette propriété de fournir aux jeunes polissons de microscopiques canons, dans lesquels ils poussent bruyamment l'air enfermé entre deux bourres. D'autres gamins, choisissant de plus petites branches, y taillent, avec un canif, de petits sifflets qui demeurent enveloppés d'une écorce verte. C'est précisément un de ces derniers instruments que, très gravement, et avec une fine lame, madame Lhermine confectionna. Après quoi, elle l'essaya entre ses propres lèvres, en parut satisfaite et, le tendant à sa fille :

— Ma chère Henriette, lui dit-elle, voilà ce que m'ont dit les voix mystérieuses d'en Haut, lesquelles se trompent rarement : tout se doit raisonner par analogie dans le monde, lequel est logique dans ses moindres détails. Puisque, lorsque ton mari ronflait par en haut, tu le faisais taire en sifflant avec la bouche, il est plus que vraisemblable que, maintenant qu'il a changé de registre, il t'en faut changer aussi pour obtenir le même résultat. Ce n'est plus avec les lèvres que tu siffleras ; mais, comme les bons canonniers, tu mettras la riposte à la hauteur de son attaque. Voici ta couleuvrine, mon enfant. Et que Dieu te donne la poudre nécessaire pour éteindre le feu de cet artilleur malotru dont la fumée, j'en suis sûre, te fait éternuer misérablement.

— Mais, maman...

— Je te dis que Dieu, qui n'abandonne jamais les faibles, te fournira les cartouches. Et, dès ce soir, en batterie, n'est-ce pas, ma vaillante ?

Toujours obéissante, Henriette entra en campagne défensive, la nuit même. Mais le trop de souffle de son mari, renonçant à se frayer une voix nouvelle, s'obstina à celle qu'il avait adoptée en second. Les deux musiques alternèrent simplement, sans se faire taire l'une l'autre. Puis tous deux s'y habituèrent et n'en dormirent que mieux, comme ces Parisiens à qui, après le siège, le bruit du canon manquait.

V

Au-dessus de la chambre du couple, un jeune compositeur habitait une mansarde. Il était amoureux fou d'Henriette et, l'ayant pu rencontrer un jour seule, il lui offrit une mélodie qu'il avait composée pour elle, avec accompagnement de flûte et de basson !

— Madame, lui dit-il d'une voix que l'émotion rendait tremblante, c'est un ange, je crois, qui m'a inspiré cet accompagnement. Car, toutes les nuits, de mystérieux instruments l'apportaient à mon oreille et je n'avais qu'à en noter les trilles et les accords sur mon papier. Vous remarquerez, avec votre finesse de musicienne, que tandis que la première partie est écrite en majeur, la seconde l'est en mineur. Je n'ai encore eu, pour cela, qu'à suivre les inspirations de cette séraphique musique. Ecoutez un peu :

Prout ! Prout ! Prout ! Fu ! Fu ! Fu ! Prout ! Fu ! Prout ! Fu !

Oh ! de quelles bouches divines s'envolaient ces sons mystérieux !

Et d'une voix de prophète, le jeune croque-notes poursuivait sur un ton convaincu :

— Aussi vrai que je vous aime, madame, il n'y a que deux instruments pour accompagner une chanson d'amour : la flûte et le basson !

SÉRAPHINE

1

SÉRAPHINE

I

Grande, avec une caresse étrange dans les yeux, attirante et despotique tout ensemble, dans des yeux d'un brun clair étoilés comme ceux des grands fauves ; le front étroit comme celui des Vénus antiques, à peine dégagé de l'ombre d'une chevelure épaisse et légèrement crespelée dont les boucles noires s'arrondissaient en festons ; un nez droit à la naissance, mais avec un renflement minuscule au bout qui en diminuait la correction, mais qui lui donnait un charme mutin augmenté par la flexibilité toujours palpitante des narines; une bouche moyenne, un peu charnue, aux coins relevés et posant un accent circonflexe rouge sur l'oméga très accusé par une fossette du menton; deux mignonnes oreilles pareilles à des coquillages roses; un cou plutôt long que court, mourant presque à angle droit sur les épaules un peu hautes avec une inflexion charmante qui semblait attendre qu'un bras se posât dessus pour les entourer; la taille fine et droite, brusquement interrompue par la saillie très accusée des hanches; les jambes longues avec le mollet haut, un mollet à la mousquetaire, comme on dit à Toulouse; les mains effilées et adroites avec le bout des doigts légèrement relevé et de jolis ongles en nacre étroits comme des griffes.

Voilà, me direz-vous, un aristocratique portrait, celui de quelque personne de race sans doute. Et le petit monticule nasal, mes enfants; et le menton en oméga? Il n'en faut pas plus pour anéantir le caractère de noblesse d'un visage. Non, Séraphine, décrite plus haut, n'était pas une duchesse, bien que vivant dans un monde où la particule était de rigueur. S'il avait fallu chercher des armes parlantes à son blason, c'eût été un fin plumeau en plumes d'oiseaux des îles, une aiguille, un dé, un tablier en cotonnade... Une fille de chambre, alors? — Un peu plus que cela, à peine. Ce qu'on eût appelé une soubrette autrefois et ce qui se nomme une camériste aujourd'hui.

Alors, pourquoi prendre tant de soins à en établir une image tentante? N'est-il pas convenu que les amours ancillaires ne sont pas faites pour les délicats? J'en ai dit moi-même ici souvent ma pensée. J'ai dit des servantes et des comédiennes que je leur préférais en amour les courtisanes dont c'est l'état; par un sentiment de justice d'abord qui veut que chacun vive de son métier; ensuite parce que la tradition antique donne aux courtisanes un rôle que je ne voudrais pas voir disparaître de la comédie humaine. Elles y ont fait, de tous temps, les délices et le désespoir des poètes, gens timides qu'épouvante le moindre semblant de vertu.

Mais Séraphine était un type dans l'espèce et qui méritait une heure de curiosité.

II

Pendant plusieurs mois la comtesse Hébé s'était applaudie de ses services. Elle ne tarissait pas d'éloges sur son compte auprès de ses amies. Personne ne savait l'habiller comme cette habile auxiliaire qui avait, pour sa maîtresse, le don des plus exquises coquetteries ; on ne poussait pas la prévenance plus loin et c'était miracle de la voir agenouillée devant la comtesse et lui bouclant le nœud de ses souliers de satin sans en chiffonner seulement le ruban. Une jeune sœur n'eût pas eu davantage d'orgueil pour sa sœur aînée. Mais un jour cette charmante femme — c'est la comtesse Hébé que je veux dire — fit une découverte qui lui fut comme le réveil douloureux d'un trop beau rêve. Cette tant précieuse Séraphine était tout simplement la maitresse de son mari. Or, elle adorait le comte, un gentilhomme banal, mais ayant ce genre de distinction qui séduit les dames de naissance. Très humiliée dans son réel amour, elle éclata en reproches et, sans daigner même en dire le motif à l'indigne servante, elle la chassa.

Grand étonnement dans son entourage. Eh! quoi? ce trésor, cette merveille, cette merlette blanche? La comtesse Hébé avait trop de fierté pour dire sa raison d'en agir ainsi. Convenir que son mari l'avait trompée pour une fille de chambre! Il lui avait fallu donner un bon certificat pour ne se pas démentir.

— Vous serai-je désagréable, ma chère belle, lui dit la baronne Eliane, en prenant Séraphine à mon service?

— Faites donc ce qu'il vous plaira, ma chère belle, répondit-elle doucement.

Et Séraphine entra chez la baronne. La comtesse Hébé pria tout simplement son mari de n'y plus faire de visites. Il en résulta un peu de froid entre les deux amies. La baronne disait volontiers : « Cette sotte d'Hébé m'en veut parce que sa camériste a voulu, à toutes forces, venir chez moi. Est-ce ma faute si mon service convient mieux à cette fille que le sien! »

Et elle recommençait les litanies sur les perfections de Séraphine qui n'avait pas de pareille pour la coiffer et ramasser dans un bouffement plein d'artifices, en gerbe arrondie sur l'occiput, sa chevelure blonde dont l'or, plus rare, était déjà traversé de quelques fils d'argent.

Un jour cependant, elle rompit brusquement avec cette exquise perruquière. Elle avait découvert que le baron en était amoureux et le lui témoignait de la moins platonique façon.

Et force lui fut, par les mêmes raisons de convenance et de dignité, d'être aussi mystérieuse que l'avait été la comtesse Hébé.

III

— Figurez-vous que cette pauvre Eliane me bat froid parce que j'ai pris à mon service son ancienne femme de chambre! C'est ridicule tout à fait et elle reviendra certainement de sa mauvaise humeur. Quant à moi, je ne saurais regretter de m'être attaché cette fille qui est vraiment une trouvaille comme on n'en fait plus. Je n'en ai jamais eu aucune qui m'ait lacée aussi adroitement et sans que mon corset me fasse jamais mal.

Et celle qui parlait ainsi, la jolie marquise Aurore — vous remarquerez avec quelle discrétion je m'arrête aux prénoms pour ne pas compromettre d'augustes familles — écrasait, avec une complaisance manifeste, ses jolies mains grassouillettes et blanches aux rebords de sa taille d'une sveltesse inattendue. Car d'indiscrets costumiers avaient révélé que cette charmante femme avait un petit bedon de chanoine, un de ces jolis ventres d'enfant que, pour ma part, j'aime de toute mon âme. Car ce gentil rebondissement des chairs autour de l'œil mystérieux que le poète Eschyle comparait à l'île de Naxos, est pour inspirer mille pensées folâtres et confortables, outre qu'il est un contre-poids naturel, logique et ingénieux au beau développement de la callipygie en quoi gît le secret des délices amoureuses pour les yeux et pour les mains. Et ce bel équilibre de deux rondeurs également aimables est une des choses que j'admire le plus dans la Nature féminine et une de ses plus rares perfections. Un ventre plat veut pour conjuguée harmonique, comme on dit en géométrie, un derrière sans exubérance, sans révolte, un de ces derrières d'ascètes qui ne servent absolument à rien qu'à de honteux usages. Vivent les ventres rondelets, morbleu! Et Dieu m'en garde un sous la dextre, jusqu'à la fin de mes jours mortels!

Pauvre marquise Aurore!

Sans avoir la peine de faire une enquête, comme les magistrats qui n'y manquent jamais en matière conjugale pour augmenter un peu les frais de justice du divorce, elle put s'assurer *de visu* que le marquis préférait de beaucoup coucher avec Séraphine qu'avec elle. Or, cette personne susceptible n'aimait pas se donner par procuration. Elle flanqua Séraphine dehors sans prendre la peine, d'ailleurs, de justifier cette violence dans le monde où elle allait.

IV

Ainsi Séraphine fit-elle le tour de l'aimable société, comme disent les saltimbanques avant de commencer leur quête, de l'aimable société, dis-je, où brillaient, comme dans un parterre, toutes ces fleurs de noblesse dont Hébé, Eliane et Aurore ont suffi à vous donner le parfum de gentilhommerie. Ce monde chevaleresque, aristocratique et antédiluvien (en comparant la Révolution à un déluge) eût pu prendre pour enseigne : Au rendez-vous des petits-fils des croisés ! Et partout Séraphine, justement appréciée pour ses talents de camériste, fut remerciée pour les services supplémentaires qu'elle croyait devoir ajouter aux siens. On commençait, je dois le dire, à en avoir saisi la raison.

Aussi, la surprise fut-elle générale, quand on vit Séraphine faire une rentrée triomphante dans la maison de la comtesse Hébé et y reprendre ses paisibles occupations.

Ce fut la marquise Aurore qui éclata. (Entendons-nous, je vous prie, il ne s'agit pas de son joli ventre, que le ciel conserve en son intacte rotondité!) Mais ce fut elle qui, pleine d'indignation et de pitié, ne put retenir sa langue. (Cette expression audacieuse n'est pas de moi).

— Jour de Dieu, ma chère ! s'écria-t-elle. Vous reprenez cette horreur de fille !

Mais la comtesse Hébé lui répondit avec une mélancolie douce où tout un poème d'amour résigné était enfermé :

— Que voulez-vous, ma toute belle ? Au moins, quand elle était là, j'avais ses restes !

L'INSTANTANÉ

L'INSTANTANÉ

I

C'était un gentilhomme bigrement mélancolique que le jeune vicomte Gaëtan des Escarbilles et qui menait une vie singulièrement morose dans son joli castel de Capdenac, entre Paris et Toulouse. Qui ne connaît Capdenac? On y parvient, en chemin de fer, par un long tunnel qui s'ouvre sur un véritable éventail de verdure, dans une fusée de genêts s'éparpillant comme les gerbes d'un feu d'artifice. Et, derrière cette floraison d'étoiles le roc ardu, déchiré comme par une blessure, avec des mousses rouges qui semblent avoir saigné sous la pioche. Et, plus haut encore le ciel matinal traversé par le vol circonflexe des hirondelles. Je ne sais vraiment pas de plus beau paysage que la sortie de ce trou d'enfer plein du grincement des essieux et du bruit des haleines de la machine suant, dans le gouffre, avec des hoquets d'agonie.

Délicieusement perché, comme un nid dans les hautes verdures, était le vieux château des Escarbilles, rajeuni par d'heureuses restaurations. C'eût été un paradis pour un autre que le vicomte. Mais celui-ci ne semblait jouir d'aucune de ces splendeurs, et sa seule passion — singulière passion, convenez-en — pour un petit-fils des croisés était la photographie. Dès le petit matin, accompagné de son appareil à épreuves instantanées, il quittait les nobles quinconces de tilleuls fleuris qui menaient, par trois routes égales, au pied du perron, pour chercher quelque site d'où il dominait le passage des chemins de fer. Les trains marchent lentement au sortir de l'artère souterraine et d'autant moins vite que la station est presque à l'entrée de l'abîme. Notre amateur d'images rapides n'en manquait pas un. Manie innocente, n'est-ce pas ? mais diablement bébête.

Quand, après ce rapide aperçu sur ses occupations, j'aurai dit que le vicomte était un petit homme maigriot, malingre, nerveux et malaisé à vivre, vous le connaîtrez aussi bien que moi, ou du moins que mon ami Jacques, qui était son ami et qui est en train de me donner sur son compte ces détails.

II

Or, un jour, — c'est toujours Jacques qui parle, — à l'heure de l'arrivée de l'express du matin qui passe là vers sept heures, notre homme avait, comme d'ordinaire, braqué son inoffensive artillerie et attendait le bruit sourd des wagons sous le sol. Enfin apparut la longue file de voitures derrière un panache de fumée blanche. Une, deux ! l'objectif a été soudain découvert puis emprisonné à nouveau sous sa casquette de maroquin. Le vicomte regarde, pousse un cri, emporte jalousement et comme furtivement l'épreuve, s'enferme dans son cabinet de travail et ne reparaît plus de la journée. Depuis ce temps, il n'a cessé de rechercher la solitude. Comme absorbé dans un rêve, il semble que tout soit indifférent autour de lui. L'image ne le quitte pas et on dirait qu'il se consume devant elle. Silencieux d'ordinaire, il murmure quelquefois ce verset de l'Écriture : *Quia viderunt oculi mei*, et il retombe dans sa profonde mélancolie. Aux médecins qui l'interrogent sur son mal, il répond encore : *Quia viderunt oculi mei*. Enfin, il meurt avant-hier, son dernier soupir emportant encore ces paroles latines de ses lèvres.

Et ici Jacques, très ému, cesse son récit.

— Ne connaissais-tu, lui demandai-je, aucun autre goût à ce pauvre garçon que ce déplorable amour du collodion ?

— Si fait, me répondit-il. Quand nous habitions Paris ensemble, il avait pour les grosses femmes une passion qui est souvent celle des petits malingreux comme lui. Simple ironie du destin qui se plaît aux contrastes. Les grosses femmes se moquaient généralement de lui. Mais il n'en demeurait pas moins un fervent de la Vénus Callipyge et les gros pétards, rien qu'entrevus dans la rue, faisaient comme éclater son cerveau d'admiration.

— Pauvre jeune homme ! murmurai-je.

Car nous nous plaignons, entre nous, nous qu'un même mal torture et qu'aiguillonne un identique désir.

Puis un trait de lumière me traversa l'esprit, comme un éclair déchire l'obscurité farouche des nuées.

III

— Jacques, demandai-je à mon cher compagnon, pourrais-tu te rappeler la date où l'infortuné vicomte fit cette mystérieuse photographie dont il est mort ?

— Parfaitement. J'étais justement à Capdenac, à cette époque, et c'est *de visu* que je t'ai parlé de cette aventure. C'était le 12 août 1887.

— Le douze août ? pendant les vacances alors que le gouvernement m'octroie et dont je profite pour aller revoir mon cher Midi ?

— Je te dis que je réponds de cette date.

— A merveille. Alors laisse-moi consulter mon carnet.

Car je ne vous cache pas que j'ai un microscopique carnet qui ne me quitte pas et sur lequel j'écris simplement mes vers. Comme il n'est guère de jour où je n'en compose quelques-uns, pour me consoler de ma propre prose, c'est une façon de calendrier rimé qui me permet souvent de revivre les heures écoulées et les impressions disparues. C'est comme un dictionnaire de mes sensations que je consulte souvent pour en retrouver les tristesses ou les joies. En chemin de fer surtout, j'en fixe l'empreinte, et chaque station me devient ainsi un souvenir de ma propre pensée.

Je fouillai dans ma poche ; je consultai le précieux agenda ; j'y trouvai des vers datés du 12 août précédent et faits entre Paris et Capdenac. Je me remémorai cette nuit de voyage :

— Bon ! m'écriai-je. Rien n'est plus mystérieux pour moi dans ton histoire, mon pauvre Jacques, et je sais de quel désir inassouvi est mort ton malheureux ami. A mon tour donc de te conter, et comme rétrospectivement, le premier acte de cette douloureuse comédie, dont tu ne m'as montré que le second. Qui dira les fantaisies du hasard et quelle main capricieuse se fait un jeu de nos destinées !

Et, tout le reste, c'est moi qui vous le révèle, en même temps qu'à Jacques qui m'écoute avec les yeux effarés d'un gardon.

IV

Nous n'étions que quatre dans le compartiment, et nous eussions été difficilement davantage. Un officier d'allures distinguées, un monsieur d'aspect indifférent, sa femme et moi. C'est de la femme seulement que je veux parler. Elle occupait, à elle seule, la place de deux personnes et l'emplissait consciencieusement des invraisemblables rondeurs de son individu. J'en ai bien vu qui faisaient éclater les bras des fauteuils, même à l'Odéon, mais comme celui-là jamais, non jamais ! On y aurait pu installer la tour Eiffel. Une cour d'assises y aurait siégé à l'aise. Oh ! la belle mappemonde et qu'il devrait être agréable d'y étudier la géographie ! Ce trône naturel était surmonté d'une avenante créature blonde comme une coulée de miel, souriante et qui semblait presque fière d'être installée sur des bases aussi monumentales. Car volontiers, et avec un brin de coquetterie, elle étalait encore le gracieux socle et se collait, de temps en temps, avec ses mains gantées, l'étoffe aux hanches, comme pour bien prouver que les bouffements de l'étoffe n'y étaient pour rien et que ce magnifique morceau de culotte était présenté nature aux consommateurs.

Je ne suis pas de bois, hélas ! et moins encore, hélas ! de bronze. Je fus d'abord troublé par cette plantureuse beauté de ma voisine. Mais ce ne fut qu'un rapide retour aux errements de ma curieuse adolescence. Je rentrai dans le courant de mes méditations personnelles, et tout au regret de celle que je venais de quitter, je me mis à célébrer *in petto* les charmes de sa personne dans ces strophes que tu peux lire sur mon carnet et que voici :

> Pour charmer mes heures moroses,
> Je chante, le cœur plein de vous :
> — Ce n'est pas aux lèvres des roses
> Qu'est le sourire le plus doux.
>
> J'évoque vos candeurs insignes
> Et vos virginales fraîcheurs :
> — Ce n'est pas au cou blanc des cygnes
> Que sont les plus pures blancheurs.
>
> Je vous vois passer sous les branches
> Sur vos cheveux noirs se penchant :
> — Ce n'est pas aux yeux des pervenches
> Qu'est le regard le plus touchant.
>
> Votre image en tous lieux suivie,
> Seule brille à travers mes pleurs :
> — Tout ce que j'aime dans la vie,
> Ce n'est ni le ciel ni les fleurs !

Un sanglot étouffé retentit à côté de moi.

V

— Messieurs, nous dit avec une solennité douce le Monsieur à l'aspect indifférent, ma femme extraordinairement indisposée, après avoir vaillamment lutté contre son mal, est à bout de courage. Nous vous prions l'un et l'autre, de vouloir bien vous retourner un instant.

On entrait précisément sous le tunnel de Capdenac et l'endroit était tout à fait propice au soulagement de cette pauvre créature qui pourrait mettre à la fenêtre la tête qui convient dans ce cas, sans donner de mauvaises pensées aux cantonniers et aux garde-barrières. Rigoureusement tournés de l'autre côté, nous entendîmes son mari la hisser jusqu'à hauteur de portière, l'installer sur le mince rebord et souffler en la soutenant à grand'peine dans cette difficile position.

Puch! Puch! Puch! Puch! faisait la lourde fumée de la machine qui s'essoufflait sous la voûte et semblait râler par instants. Br! Br! Br!... faisaient les roues en mordant les rails humides dans cette longue cave. Nous entendîmes un autre bruit encore, mais que notre bonne éducation nous empêche de signaler. On arrivait à l'autre extrémité du tunnel et une lumière blanche, fausse, insupportable, transpirait déjà par les vitres. Nous entendîmes soudain des cris douloureux derrière nous, un bruit d'efforts désespérés, des gémissements à fendre l'âme.

— Venez à mon secours, messieurs, nous dit le mari, levant ainsi la consigne qui nous avait fait détourner les yeux.

Et nous vîmes un spectacle extraordinaire vraiment. L'imprudente dame avait si fort engagé, en dehors de la portière, le plus charnu de sa personne, qu'elle ne l'en pouvait plus retirer et se trouvait prisonnière de la fenêtre ouverte. En vain son mari la tirait en avant par les deux bras. En vain nous ajoutâmes nos forces aux siennes. La portière était bouchée, par le haut, comme à l'émeri et nous nous évertuions en vain. Et l'on était déjà en pleine lumière, hors du tunnel et les voyageurs qui attendaient le train poussaient des cris de surprise ou étouffaient de rire.

Voilà, mon cher Jacques, la belle médaille qui s'était gravée dans l'objectif de votre malencontreux vicomte, l'image qui l'avait fait tomber en véhémente contemplation, puis en mélancolie profonde, puis en humeur hypocondriaque, enfin en dépérissement tel qu'il n'en devait pas revenir. Car ce qu'il voyait, il ne l'avait jamais vu et ne le reverrait jamais. Un coup de sifflet allait emporter son rêve vivant. L'idéal entrevu lui échappait pour toujours et ceux qui meurent pour l'idéal sont les meilleurs d'entre nous !

Jacques essuyait une larme et à peine pouvais-je retenir les miennes.

— Mais enfin, me dit-il, où cette pauvre dame put-elle enfin être extraite de ce singulier carcan ?

— A Toulouse seulement. Toulouse est une ville de savants. Un professeur de physique eut l'idée très simple de transformer en ventouse le compartiment hermétiquement fermé, en y brûlant du papier. A peine le vide s'y fut-il fait à peu près, que la grosse dame, invinciblement attirée à l'intérieur, recouvra sa liberté.

LA CHAMBRE D'ÉLISE

LA CHAMBRE D'ÉLISE

I

Et, comme il la regardait avec des yeux suppliants, le corps tout entier frémissant de l'énervement divin des caresses que la caresse suprême n'a pas couronnées :

— Ah ! cruelle ! lui dit-il d'une voix mourante, ce ne sera donc jamais ?

Très doucement et avec une mansuétude infinie dans l'accent, elle lui répondit :

— Tu sais bien que si !

Et, durant que ivre de joie, il lui dévorait les mains de baisers, ses petites mains grassouillettes et blanches de petite bourgeoise désœuvrée, elle reprit, après un moment de réflexion :

— Oui ! Mais où ?

— Mais, chez moi ! fit-il avec un élan d'enthousiasme. C'est, il est vrai, un appartement de garçon ; mais, rien n'y manque et il est charmant.

Elle devint toute rouge :

— Chez vous, Jules ! Y pensez-vous ! Dans une chambre où vous avez peut-être reçu d'autres femmes !

— Je vous jure...

— Non ! non ! pas chez vous, c'est impossible ! Je mourrais de honte en y entrant.

— Ici, alors ? Ce divan...

— Pas un mot de plus ! Dans les meubles de mon mari ! Ah ! pour qui donc me prenez-vous et quelle idée avez-vous donc de moi ?

— Je connais un petit hôtel très mystérieux et très hospitalier...

— Une maison de rendez-vous ! Pour que la police y fasse une descente !... Mais vous êtes fou !

— A la campagne, au bas Meudon, par exemple...

— En plein bois, n'est-ce pas ? comme les sauvages ! Ah ! Jules ! Jules ! comme j'ai eu tort de vous promettre cela !

— Si nul endroit ne vous convient, Virginie, vous avez pu me le promettre sans vous compromettre beaucoup !

— Douteriez-vous maintenant de ma franchise ?

— Non ! je t'adore !

— Eh bien, sois patient, j'ai une idée.
— Et pour quand ?
— Pour demain !
— Dieu ! et c'est pour demain !

Et tombant à genoux, il laissa descendre sa bouche jusqu'aux charmantes chevilles de madame Bizeminet et, furieusement, sous ses jupes, laissa remonter ses lèvres jusqu'à ses mollets qu'il étreignit de folles caresses.

II

Quand il fut un peu calmé :

— Ecoute-moi, lui dit-elle. La chambre d'Elise est au sixième.

— La chambre de votre camériste !

— Ne vous indignez pas, monsieur. C'est demain le jour de la blanchisseuse. Elise est, d'ailleurs, une personne parfaitement tenue. Sa chambre, vous disais-je, est au sixième ; c'est la seconde à droite, en montant l'escalier de service. J'en ai une seconde clef comme toutes les maîtresses de maison prudentes. M. Bizeminet dîne demain à son cercle et ne rentrera que tard, il m'en a prévenue. J'enverrai Elise faire une course lointaine et pressée, porter un mot chez ma mère, par exemple, qui demeure à l'autre bout de Paris. Je m'assurerai de son départ moi-même et, à neuf heures précises je monterai vous attendre là-haut. Arrivez cinq minutes après : je laisserai la porte entr'ouverte.

— Ange que tu es ! s'écria-t-il.

Et, la prenant doucement par sa taille aimablement replète, il lui posa doucement la bouche sur le cou, buvant avidement la tiédeur ambrée de sa nuque, dans le crespèlement parfumé de ses cheveux naissants.

— Jules, fit-elle alors très gravement, j'ai cependant une prière à vous faire.

— Parle ! Parle ! ô ma délicieuse amie !

— Les choses que vous voulez se passeront dans une obscurité complète.

— Quoi ! je ne verrai pas toutes les merveilles dont le seul toucher me rend éperdu !

— Non ! Jules ! pas la première fois... Plus tard, peut-être... Vous pouvez bien faire cette concession à la pudeur d'une femme qui trahit ses devoirs pour la première fois.

Et Jules, qui était un bon serin, jure qu'il n'apporterait pas seulement une allumette française.

Or, chacun sait qu'une sur dix, au plus, de nos allumettes nationales prend feu, ce qui les rend particulièrement chères aux amis des ténèbres.

Sur ce pacte qu'une poignée de main furtive cimenta, M. Bizeminet entra dans le salon :

— Mon cher Jules, fit-il, vous devriez venir tenir compagnie demain soir à ma femme. Je dîne au cercle.

Et Jules, ravi de poser un alibi dès le début de l'aventure, de lui répondre :

— Impossible, mon cher Nestor, je serai demain à Château-Thierry.

Je connais, en effet, des personnes qui appellent

ça : être à Château-Thierry. Le tout est de s'entendre.

III

Comme elle tremblait dans l'ombre en l'attendant! Ah! ce n'avait pas été facile de décider Elise à sortir. Que ces filles sont capricieuses! Celle-là tenait justement à rester ce soir-là à la maison. Madame avait dû la fourrer en voiture et la menacer de la mettre dehors si elle continuait à bougonner. Enfin, elle était partie et bien partie!... Des pas dans l'escalier! des pas furtifs! les siens certainement. Et puis la porte poussée; à peine un éclair vague et la porte refermée sans bruit, comme par un voleur qui ne veut pas éveiller l'attention. Des bras amoureux l'enlacent déjà... Le lit est là avec ses draps ouverts tout embaumés de lessive fraîche et même avec un certain parfum d'iris; car Elise volait volontiers dans le cabinet de toilette de madame. Qui dira cette première minute de caresses enfin consenties et de baisers qui ne se défendent plus! Qui dira cette ivresse d'un amant coupable et de la faute imminente après les grandes hésitations et les longs remords! Qu'il est doux de succomber après la lutte et de s'avouer vaincue! Madame Bizeminet goûta ce bonheur à plusieurs reprises, sans compter, comme une personne de tempérament libéral qui ne se marchande plus. Elle mordit furieusement la pomme aux quatre coins, comme une Eve gloutonne. Elle saccagea l'honneur de son mari avec délice, en conquérante qui ne fait pas quartier, et prodigua tous ceux de sa lune, pour ajouter une astronomique image aux belles métaphores dont je m'évertue d'envelopper un fait qui ne doit être signalé qu'avec beaucoup de délicatesse aux personnes un peu bégueules. Ai-je réussi, mesdames ? N'ai-je pas dit bien honnêtement ce qu'on est bêtement convenu de trouver déshonnête? Ah ! si nous vivions sous un prince ennemi de la fraude des mots et du mensonge des vocables, comme je vous aurais conté autrement la chose, en appelant un chat un chat, ce que ne font jamais les écrivains soucieux de leur renommée et ambitieux de l'Académie, ni les restaurateurs de banlieue en confection de gibelottes. Il nous faut tourner autour du pot, nous autres, et non pas y mettre le nez, le nez des lecteurs s'entend !

Ils se quittèrent sans s'être dit une parole et sans avoir perdu un seul instant. Ceci prouve bien qu'il ne faut pas confondre l'Amour avec le régime parlementaire.

IV

Il devait venir en visite le lendemain, raconter à cet imbécile de Bizeminet comment il avait gâché sa soirée à Château-Thierry. Elle l'attendait impatiemment et avec une sorte de fièvre. Quand il entra, un long regard de reconnaissance et tout chargé d'actions de grâces l'accueillit. Et, quand ils furent un instant seuls, au coin de la cheminée sur laquelle Orphée jouait de la lyre au travers d'une pendule :

— Que c'était bon, n'est-ce pas ? lui murmura-t-elle à l'oreille.

Il eut l'air de croire à une ironie ; car il répondit très sèchement :

— Croyez bien, madame, que ce n'est pas ma faute.

Et, comme elle le regardait avec stupeur :

— Votre mari, ajouta-t-il, montait justement l'escalier de service devant moi et j'ai dû me retirer pour ne pas le rencontrer quand il redescendrait.

— Ah ! fit-elle.

Et elle resta toute rêveuse.

Dans la salle à manger, M. Bizeminet était en train de dire à Élise :

— Tiens ! ma fille. Voilà un louis pour le bonheur que tu m'as donné !

Élise répondait sans accepter.

— Ne vous moquez pas de moi. Madame m'avait, malgré moi, envoyée en course.

— Oh ! fit monsieur Bizeminet.

Et il prit un air perplexe.

La nuit qui suivit, M. et madame Bizeminet, sans s'être rien confié, eurent un grand plaisir à se souvenir ensemble.

Ainsi vont les choses au plus grand honneur de l'honnêteté, quand la Providence daigne veiller sur la fidélité des ménages.

LE FAUX PENDU

LE FAUX PENDU

I

« Au moment où vous lirez ces lignes, Antoinette, je ne serai plus qu'un froid cadavre. Vous aurez voulu ma mort et je me soumets à l'arrêt que m'ont dicté vos rigueurs. Peut-être me donnerez-vous une larme et poserez-vous un baiser repentant sur mon front décoloré... »

— Juste ciel ? aurait-il l'intention de se tuer chez moi ! pensa Antoinette au comble de l'inquiétude. Il ne manquerait plus qu'un scandale dans la maison ! Pauvre garçon, cependant, comme il m'aimait !

Et elle ajouta, en froissant la lettre sans en lire les dernières lignes :

— Bah ! ils disent tous qu'ils en mourront et ce sont des folies auxquelles il ne faut pas croire.

Son mari entrait justement en ce moment.

— Vite ! le dîner ! fit-il. Nous nous coucherons de bonne heure. Il faut que je me lève à minuit pour un constat.

Ai-je besoin, maintenant de vous présenter M. le commissaire de police Ratibousin, légitime époux de la charmante Antoinette, si vertueuse qu'elle réduisait ses amoureux au désespoir? Un ancien militaire, ce magistrat, et ayant gardé les façons brusques d'un adjudant, pas aimable tous les jours, et que j'aurais certainement excusé sa femme de tromper indignement. Je ne vous sais aucun gré personnellement de votre vertu, Antoinette, et vous aviez mieux à faire de vos vingt ans, de vos beaux cheveux châtains, de vos lèvres rouges comme des mûres, de vos yeux doux comme du myosotis, que de garder tous ces biens à cet animal et de pousser au suicide ce mélancolique Eliacin dont vous ne lisez seulement pas les missives jusqu'au bout.

— Est-ce qu'il vous faudra aller bien loin, cette nuit, mon ami ? demanda madame à monsieur qui lui répondit :

— Non ! tout près, et puis, qu'est-ce que cela peut vous faire ?

— C'était pour vous donner un vêtement plus chaud et qui vous garantît plus longtemps des fraîcheurs nocturnes.

— Le secret professionnel m'interdit de vous en dire davantage. Sachez seulement que les femmes légères finissent toujours par aller en prison.

M. Ratibousin ne se souciait nullement d'apprendre à sa femme que l'adultère avait lieu dans leur maison même, deux étages au-dessus. Il faut tout de même avoir un fameux toupet pour choisir la maison d'un commissaire de police pour s'y livrer à ce genre de divertissement !

M. le commissaire se mit au lit à neuf heures, ronfla jusqu'à onze heures et demie, s'habilla et sortit sans un mot gracieux pour Antoinette. Celle-ci ne regretta jamais davantage d'avoir découragé le mélancolique Eliacin.

II

Et comme il faisait une adorable nuit, pleine d'étoiles, et qu'elle ne pouvait dormir, épouse inutilement réveillée par le moins empressé des époux, tout agacée, tout inquiète aussi des menaces d'Eliacin, elle s'en fut, en chemise, vers la fenêtre pour regarder les astres et aussi pour respirer le parfum des verveines dont son balcon était fleuri. Elle ouvrit doucement la croisée et poussa un cri terrible. Deux jambes d'homme, deux jambes nues pendaient à hauteur de mollets et dans l'espace. L'amant repoussé avait mis à exécution son terrible projet ! Eliacin s'était accroché lui-même par quelque nœud coulant au balcon supérieur, pour expirer plus près d'elle et en lui léguant, par la vue de son corps inanimé, un remords éternel de sa cruauté.

Anéantie, consternée, elle tomba à genoux et commença de soupirer en versant d'abondantes larmes.

— Eliacin ! mon doux Eliacin, pardonne-moi ton trépas ! Ah ! si j'avais su...

Une voix qu'elle ne connaissait pas lui répondit haletante :

— Madame, par pitié, passez une planche sur le rebord de votre balcon, que je puisse y descendre, sinon les forces vont me manquer et je serai broyé vif sur le pavé.

Et cette voix suppliait d'une si poignante façon qu'elle courut chercher ce que lui demandait l'étranger et lui fit un pont sur lequel ses pieds se posèrent, ce qui lui permit de bondir dans la chambre, comme mu par le ressort d'un tremplin et en poussant un soupir de soulagement.

Le nouveau venu n'était guère plus vêtu qu'un ver.

— Ah ! merci, madame, fit-il en tombant à ses pieds. Un mari stupide avait mis le commissaire à mes trousses. Une femme que j'adore aurait été compromise à jamais si, après avoir précipité mes vêtements dans une lucarne, je n'avais usé de mes connaissances gymnastiques pour me sauver par les balcons, à la force du poignet. J'en avais déjà pu franchir un, mais j'étais à bout d'efforts, quand vous m'avez si heureusement tendu cette charitable passerelle.

Antoinette l'écoutait avec étonnement. Intérieurement, elle en voulait à Eliacin de lui avoir causé cette peur 'inutile et de n'être pas mort pour elle, comme il s'y était solennellement engagé. Les femmes ont de ces soudains retours d'amour-propre à qui l'amour, toujours rapide et fugace chez elles, laisse la parole.

— Une autre fois, murmura-t-elle, je ne serai pas si bête !

Comment l'inconnu comprit-il ce discours ? Il me semble en avoir très délicatement deviné le sens obscur en enlaçant de ses bras, toujours à genoux qu'il était, les charmantes épaules d'Antoinette et en profitant très spirituellement d'un moment de mauvaise humeur, après quoi tous deux demeurèrent interdits l'un devant l'autre, mais en se contemplant avec des yeux attendris et reconnaissants. Eh ! mon Dieu, un garçon demeuré sur son appétit amoureux et sans vêtements inopportuns, ne rencontre pas, toutes les nuits, une femme délicieuse en chemise et si troublée qu'elle ne sait plus vraiment ce qu'elle fait.

Et, pendant cette minute heureuse entre toutes, M. le commissaire, là-haut, en train de fouiller l'appartement de fond en comble et n'y trouvant pas l'amoureux annoncé, grommelait comme un vieux soudard qu'il était.

III

— Malheureux jeune homme! fit Antoinette, changeant brusquement de ton et devenant, un peu tard peut-être, presque sévère, que voulez-vous que je fasse de vous maintenant? Mon mari va rentrer et serait aussi furieux qu'étonné de trouver un homme tout nu dans ma chambre. C'est un maniaque et un pince-sans-rire qui nous causerait mille ennuis. Fuyez, je vous en conjure!

— Je ne peux pourtant pas sortir, madame, sans pantalon. Je serais remarqué des rares passants qui circulent à cette heure. Qui sait même si une souricière, comme on dit, ne m'est pas tendue en bas, à la porte, au cas où je m'échapperais par l'escalier.

— Que faire, alors?

— Prêtez-moi les habits de votre mari. Il n'a pas emporté toute sa garde-robe, je suppose.

— Ah! j'en deviendrai folle! fit Antoinette. Mais c'est, en effet, le seul moyen

Et, d'un placard, elle tira un habillement complet appartenant à Ratibousin. Or, comme presque tous les anciens militaires, celui-ci avait l'habitude de se costumer dans une façon d'uniforme bourgeois, portant toujours des vêtements de même coupe et de même couleur, d'un aspect démodé, une redingote serrant la taille et un pantalon à la hussarde, tirbouchonnant sur le cou-de-pied. Il en résulta que quand notre jeune audacieux eut passé cet habit de circonstance, il avait absolument la tournure martiale de M. le commissaire et pouvait être pris certainement pour lui, à cette heure avancée, surtout, où le visage frappe bien moins que la silhouette générale.

Antoinette, qui en fit la remarque, ne put s'empêcher de rire.

— Vous lui ressemblez à faire horreur ! fit-elle.

— Merci pour lui ! répondit-il.

Et, comme il était très avisé, il mit une main dans les poches de derrière de son vêtement d'emprunt et y sentit la soie d'une ceinture tricolore à glands d'or.

— Voilà une sous-ventrière qui ne me sera pas inutile, pensa-t-il.

Et, de fait, quand après avoir donné une seconde illusion maritale, plus complète, à Antoinette, il eut pris congé de cette hospitalière dame, il retira, dans l'escalier, l'emblème de son étui et se le passa bravement autour du bedon, remerciant Dieu de lui être si parfaitement miséricordieux dans ce difficile cas. Quand il ouvrit la porte, le mari était devant, le mari qui avait fait monter le commissaire et attendait impatiemment le résultat du constat dirigé contre son infidèle moitié, le mari qui trépignait d'impatience :

— Eh bien, monsieur le commissaire ? fit-il anxieusement à l'aventurier qui avait rabattu son chapeau sur ses yeux.

— Tiens ! animal ! répondit celui-ci en lui décochant un cour de poing et en disparaissant dans l'ombre.

— Singulier magistrat ! fit le mari absolument estomaqué.

IV

Il n'était pas revenu de sa surprise, qu'un second commissaire, également sanglé d'une écharpe, et le vrai, cette fois, sortait brusquement de la maison, presque sur les talons de l'autre, et l'appréhendait au corps.

— Vous savez, monsieur, qu'on ne se fiche pas de la justice et vous m'allez suivre au poste pour la mauvaise plaisanterie que vous m'avez faite. Il n'y avait personne avec votre femme là-haut !

Le pauvre homme protesta, mais n'en fut pas moins emmené par les acolytes de Ratibousin qui était absolument furieux d'avoir été dérangé pour rien.

Et durant ce temps, madame Ratibousin pensait, adorable à voir, toujours en chemise et les jambes pendantes le long du lit très défait :

— J'espère bien que ce jeune homme me rapportera lui-même, et quand je serai seule, les vêtements de mon mari. J'avais bien raison de regretter de n'avoir pas encore trompé M. Ratibousin ! Car c'est une chose excellente... au moins avec ce monsieur. Quant à Eliacin, s'il ne se tue pas maintenant, après la peur qu'il m'a faite, il aura affaire à moi !

AZOR

AZOR

I

Un simple toutou, alors? Mais certainement. Avec ça qu'il se trouverait un homme assez modeste pour porter ce nom simple et harmonieux! Ah! les hommes! Ce que j'en ai assez de ces bipèdes imbéciles en amour et trompeurs en affaires! Il s'en va temps, comme dit la chanson, que je fasse leur place aux autres êtres de la création dans mes récits. D'autant que j'ai goûté bien plus d'agrément dans leur compagnie que dans le commerce des créatures dont une calomnie seule fait mes pareils. Jamais mon caniche n'a médit de moi et jamais mon chat ne m'a emprunté de l'argent pour ne me le pas rendre. Je n'ai jamais trouvé un ami qui ait consenti à me porter quatre heures sur son dos comme la première bourrique venue. Il est temps que ma reconnaissance s'exhale en apothéoses! O doux et ironique La Fontaine, qu'on ne nous devrait laisser lire qu'à quarante ans, comme je te comprends aujourd'hui d'avoir choisi pour héros les bêtes de poil et de plume, voire celles qui rampent sous des écailles d'argent ou qui promènent leurs maisons sur leur dos, ce que les propriétaires les plus avares n'ont pas osé faire! Après la femme, la nature vivante est le plus inépuisable des sujets. Oui, mais après la femme seulement. Car si je m'obstine à croire que celle-ci n'est réputée femelle de l'homme que par erreur — et les anciens, nos maîtres, ne la prenaient pas pour telle — elle demeure, incontestablement, par la beauté de ses formes et la perfidie délicieuse de son esprit, la Reine des animaux.

Donc, Azor était un chien et rien de moins ni de plus. Bien qu'il fût déjà d'un âge respectable — douze ans, ce qui correspond, chez ces bêtes, à l'époque de notre vie où les administrations nous flanquent nos retraites — bien qu'il eût dépassé le temps des coquetteries et des jeux où s'admirent la souplesse des mouvements et leur fantaisie, je veux vous en faire le portrait. C'était un épagneul de haute taille, coiffé de deux longues oreilles encore touffues, très chevelu d'un bout à l'autre du corps, avec une queue au panache abondant mais défrisé. Il était d'une couleur fauve dorée assez claire et tout à fait délicate de ton. Ses yeux avaient la limpidité étoilée d'un ciel de printemps, quand les soirs d'avril roulent dans l'air un parfum de lilas. Il n'était pas de ces chiens gastronomiques qui nous montrent une truffe au bout de leur museau. Non, son nez était rose, franchement rose, et toujours humide comme s'il sortait de la rosée. Mais son âme valait mieux encore que cette aimable enveloppe. Il était à la fois intelligent et débonnaire. Il aimait sa maîtresse, une excellente ménagère qui avait un de ces bons pétards bourgeois qui commandent l'estime, et dont le talent était hors ligne pour les confitures; il méprisait profondément son maître, un simple député comme on en voit tout le temps en chemin de fer depuis que les élus du peuple s'y trimballent pour rien; il adorait les enfants de la maison, M. Jean et mademoiselle Lucette.

II

Pour compléter la présentation de mon personnage, c'est de Lucette que je vous parlerai d'abord. J'ai dit : un enfant et je me suis trompé peut-être. Je n'en sais rien vraiment. Lucette avait tout près de quinze ans. Ce que les imbéciles appellent l'âge ingrat chez les jeunes filles. Oui, les imbéciles seulement. Car les vrais fervents de la beauté féminine, dans son développement logique et exquis, savent deviner, sous ces maigreurs adolescentes, de l'extrême jeunesse, les charmes que quelques années de plus épanouiront. Dans ce printemps fleuri ils entrevoient les gloires de l'été, comme, sous la neige odorante des pommiers, le jardinier pressent la rondeur des fruits qui feront craquer les corbeilles. Respectueux et curieux tout ensemble, ils sondent du regard ces formes creuses encore et dont la saveur est la saveur mystique des ébauches. C'est à cet âge-là, — pas plus tard, par exemple ! — qu'il fait bon considérer les mères auprès de leurs filles, quand elles se ressemblent. Le présent de celle-ci se fait garant du futur de celle-là. C'est l'esquisse et le tableau à côté l'un de l'autre.

J'ai dit que la mère de Lucette était douée d'un séant confortable et majestueux. Eh bien ! malgré que Lucette pût s'asseoir encore dans sa haute chaise de bébé, en en faisant un peu crier les bras et comme par plaisanterie, un bon prophète eût prédit sans hésiter qu'un jour les fauteuils de l'Odéon lui suffiraient à peine. Je ne parle pas de ceux de l'Académie, qui sont de simples casquettes pour les crânes nus des Immortels. Sa mère avait aussi une adorable chevelure chatain clair, aux tons changeants du cuivre à la rouille. Eh bien ! le même Isaïe bien avisé eût annoncé, sans se tromper, que celle de Lucette deviendrait pareille, bien qu'elle fût encore comme une coulée de miel dans un rayon de soleil, et que l'imperceptible velours de ses joues duvetées comme des pêches semblât, sous une lumière oblique, un frisson d'or vivant. Mais c'était déjà la même abondance de cette glorieuse parure qui est tout à la fois, pour la femme armée comme Minerve, un casque et un manteau. Faut-il vous dire encore que Lucette était blanche comme un bol de lait dans lequel serait tombée une fraise figurant sa bouche, et même que, çà et là, la peau de son charmant visage présentait les délicieuses et imperceptibles paillettes d'un Pactole ou d'un flacon d'eau-de-vie de Dantzig. Eh! bon Dieu! vous la connaissez maintenant comme moi-même, et vous l'admirez comme moi, dans la maladresse exquise de ses mouvements de grande fillette, sous sa robe légère qui ne descend encore que jusqu'à la cheville, dans la verdeur un peu aigrelette de ses charmes pareils à des fruits où saignerait la dent.

III

Et Jean?... un bon gros moutard de sept ans, bébête et joufflu et désobéissant à l'envi. En voilà un qui tourmentait le malheureux Azor, à qui Lucette donnait, pour lui faire prendre patience, de petits morceaux de sucre qui lui gâtaient les dents! Azor n'avait échappé à aucune des tortures que les jeunes polissons infligent aux gardiens de la maison paternelle. Il avait été attelé à des brouettes, collé au mur, comme un soldat qu'on fusille, avec un bâton sous l'aisselle; porté des casseroles pendues aux oreilles ou au fouet; que sais-je encore? Il avait souffert tout ce que les Torquemadas de l'âge de son bourreau ont inventé de mieux dans le genre. Mais la principale manie de Jean, qui se destinait à la carrière militaire, était de grimper sur le dos du paisible animal et de le transformer en une bête de cavalerie à laquelle il n'épargnait pas les coups de talon. Il fallait le voir faire son général sur les reins de sa complaisante monture, et passer ainsi en revue d'imaginaires soldats qu'il ne manquait jamais de mener à la victoire. Ce jeu avait valu à ce Bonaparte en herbe un nombre considérable de fessées. Il se cachait bien de ses parents pour faire cette stratégie en plein vent; mais un détail le trahissait toujours : les brins de la toison du chien qui restaient collés à l'entre-deux de son pantalon. Quand sa mère le soupçonnait d'avoir ainsi gagné quelque bataille, elle inspectait ledit entre-deux et mon guerrier était immédiatement giflé par derrière. Voilà, j'espère, une bien innocente confidence sur un procédé d'éducation d'une famille qui en était aux saines traditions de l'autorité des parents. Chacun prend où il peut sa plus noble conquête. Moi aussi j'avais, tout enfant, le goût de l'équitation. Mais, redoutant déjà les accidents qu'elle comporte, je le satisfaisais simplement avec des malles de voyage sur lesquelles je me mettais à califourchon. Et comme les malles de ce temps-là étaient velues comme des singes, ça avait absolument pour moi le même inconvénient que pour mon imitateur Jean.

Jean, Lucette et Azor formaient, dans la vie, un fraternel et inséparable trio.

IV

Or, un beau matin de juin que nos trois amis étaient allés dans le verger voisin faire une belle cueillette de cerises, sous un soleil qui, avant d'en boire la rosée, en faisait de rouges et luisantes perles, ils se partagèrent leur travail suivant leurs moyens naturels. Ce fut Lucette qui, la plus agile, grimpa dans l'arbre; Jean fut préposé à la récolte des fruits jetés à terre, et Azor, toujours sérieux, gravement assis sur son derrière, fut chargé de la garde du panier où le petit garçon les amoncelait. Tout cela n'était-il pas parfaitement ingénieux et logique? Mais Lucette était de nature imprudente. Ne se hasarda-t-elle pas témérairement sur une branche qui cassa sous son poids avec un humide craquement? Et pan! la cueillette est finie à peine commencée. En vain, de ses petites mains, la pauvre demoiselle tente-t-elle de se retenir aux feuillages qui s'écrasent entre ses jolis doigts. Elle tombe; elle glisse le long du tronc rugueux jusqu'à terre et s'y asseoit, plus brusquement qu'il ne convenait, les jupes en éventail, les pieds à la hauteur du visage, montrant ce que madame de Genlis appelait si gracieusement son agilité.

Bien involontairement, l'innocent Jean profita de cette pleine lune.

Et comme la pauvre petite, qui s'était fait grand mal, sanglotait à fendre l'âme :

— Ne pleure pas, Lucette, lui dit doucement son frère en l'embrassant. Je ne dirai pas à maman que tu étais montée aussi sur Azor!

NUIT BLANCHE

NUIT BLANCHE

I

Innocents et nocturnes rôdeurs, qui me permettrez bien de vous appeler mes frères, mélancoliques promeneurs des solitudes où seul le rossignol chante, vous tous qui pérambulez, après le coucher du soleil et sous l'œil phosphorescent des lucioles, amoureux et poètes, fantaisistes et vagabonds, vous avez certainement remarqué, comme moi, que le croissant de la lune a sensiblement la forme d'un arc tendu.

Quant à la lune tout entière, vous savez comme moi, aussi, à quoi elle ressemble. Quand elle n'en est qu'à son premier quartier et pareille à l'arc de Diane chasseresse, elle décoche à l'infini d'invisibles flèches qui pénètrent au cerveau des pauvres diables égarés sur les chemins. Et, par ces blessures exquises, s'enfuit tout le bon sens qu'ils possèdent et pénètre une très douce folie qui leur emplit le crâne de rêves et de billevesées. Alors font-ils des vers qu'ils chantent aux étoiles et tiennent-ils, à leurs belles absentes, des discours qu'emporte le vent avec le dernier encens des volubilis refermés. Ecoutez passer quelquefois, dans la brise, ces paroles perdues et vous verrez si ceux qui les disent ne sont pas des insensés.

Mais plus imprudents encore sont ceux qui se hasardent sous le regard enveloppant de la lune en son plein. Celle-ci ne saurait être comparée qu'à la gueule d'un canon d'or dont la mitraille obscure nous crible le front et en fait une écumoire d'où la raison fuit comme une eau claire. Et tout le précieux bagage que l'instruction et l'expérience y avaient mis comme dans une bibliothèque, s'en va par ces imperceptibles fenêtres, se disperse et nous livre aux innombrables courants d'air de la Fantaisie, au grand scandale des personnes sensées qui se couchent comme les poules et n'affrontent pas ce sidéral danger.

II

Or, cette nuit-là, il faisait pleine lune. Par les tristes soirs de l'été sans nom que nous traversons, ne vous arrive-t-il pas d'évoquer, par l'effet du sentiment délicat des contrastes qui est en nous, l'image de ces merveilleuses vesprées caniculaires, où tout souffle semblait l'âme éternelle de l'espace, et où l'anéantissement de la pensée était doux, sous le rayonnement ambré des étoiles versant leurs feux, non pas dans les yeux mais dans les poumons ; où l'excès de la température exaspérait si bien le parfum des fleurs brûlées que c'est une griserie adorable qu'on respirait avec lui ; où tout sommeil était impossible et où l'aérienne musique des phalènes aux ailes sonores semblait un vol d'âmes éperdues sous l'azur.

Eh bien ! c'était par une de ces nuits-là. Le jeune vicomte Guy de Mondoit, amoureux de la charmante Isaure Dutrou, et pour le bon motif s'entend, avait dû quitter la couche hospitalière que lui avaient offert ses futurs beaux-parents, dans leur château Dutrou de Montfessier délicieusement suspendu au revers sinueux d'une double colline. Il en avait été chassé — non du château, mais de son lit — par l'énervement qui nous vient des chaleurs excessives et, à la recherche d'imaginaires fraîcheurs, il parcourait le parc où pas une feuille ne tremblait au-dessus de sa tête, où pas un brin de gazon ne vibrait, argenté par la lumière diffuse du ciel. Une certaine volupté vague était au fond de ce malaise et le vicomte, tout en se rémémorant les charmes sommaires, encore essentiellement virginaux, de sa bien-aimée, s'applaudissait du parti excellent qu'il avait pris de faire une fin. Car les Dutrou étaient d'infects roturiers, malgré le Montfessier qu'ils avaient mis à califourchon sur leur nom; mais ils avaient beaucoup d'argent malhonnêtement gagné dans le commerce et jouissaient, par conséquent, d'une grande considération dans le pays. Notre Guy se disait que, tout en rendant sa manante d'épouse parfaitement heureuse, il pourrait encore passer le meilleur de son temps avec d'aimables drôlesses et que ses bonnes fortunes passées lui reviendraient avec les écus de la dot. Il éprouvait une fierté véritable à se trouver si sage et si parfaitement résigné à une mésalliance nécessaire. Le père Dutrou était commun comme un verre de cassis. Mais Isaure était bien élevée, presque distinguée de façons, avenante de sa personne et sauf qu'elle était insuffisamment callipyge, on la pouvait considérer comme une jolie fille. D'ailleurs, la devise de l'antique famille de Mondoit était : Le Temps viendra!

III

Trouvant l'atmosphère lourde sous les quinconces, notre Guy a traversé, sans y faire grande attention, le potager mamelonné de cloches de verre où s'attachent d'opalines et larges clartés, foulant inconsciemment le terreau des couches et savourant, sans s'en rendre compte, une délicieuse odeur de thym. Ainsi est-il parvenu jusqu'à la maisonnette du jardinier qui n'a qu'un étage et dont toutes les fenêtres sont largement ouvertes. Mondoit est curieux et même un peu fouilleur. A pas de loup, comme un simple voleur, il s'approche extérieurement d'une de ces croisées et plonge un regard indiscret dans le vide. Soudain son souffle s'arrête et c'est comme une extase qui lui monte dans les yeux. Qui dira la merveille surgie sous son regard et le féerique tableau dont il subit l'enchantement !

Sur son lit aux draps rejetés par-dessus les bois, une superbe créature repose dont la chemise est également rejetée par-dessus les épaules, le ventre sur le matelas, montrant au-dessus du profil perdu des hanches, un pétard d'une souveraine majesté dont n'approchaient pas les plus beaux melons effleurés par les pas, tout à l'heure distraits, du vicomte. Le gros sournois — j'entends le pétard et non le vicomte — s'épanouissait dans une belle lumière blanche dont il était comme amoureusement caressé. Vaincu par l'émotion, notre Guy retourna un instant la tête et vit, par-derrière, la lune qui souriait également nue sur le lit d'azur du ciel. Ces admirables vers de Victor Hugo lui passèrent par la mémoire :

> Comme deux rois amis, on voyait deux soleils
> Venir au devant l'un de l'autre.

Puis il retomba en mélancolique contemplation,

avec des invocations aux lèvres, vers cette incomparable idole de chair ferme, sereine et rivale de la chair impérissable des dieux!

IV

Celle dont les charmes rayonnaient, comme un ostensoir autour de cette admirable hostie, était tout simplement Pauline, la fille du jardinier, une belle fille, nom de D'là! comme disait son père, presque aussi distingué que le père Dutrou. Mais Pauline était notoirement sage et l'auteur de ses jours n'entendait pas qu'on badinât prématurément avec cette robuste innocence.

Notre Guy se disait pourtant qu'il ne pourrait bien longtemps vivre sous l'obsession de l'idéal entrevu et perdu pour jamais. Il n'avait pas envie de mourir, comme Moïse, en vue seulement de la Terre-Sainte. Il la préférait labourer, morbleu! et en faire monter de belles moissons de caresses. Un goût subit des travaux agrestes lui était venu. Il se ferait, s'il le fallait, jardinier lui-même, au cas où le père de Pauline exigerait un gendre de son état et ne se contenterait pas d'un simple gentilhomme. Mais il n'eut pas à subir cet affront. Il avait affaire à un homme éclairé qui n'avait pas de préjugés de naissance et qui lui déclara qu'il ne donnerait pas sa fille à un sans le sou, celui-ci fût-il titré comme un quinquina.

Et le pauvre Guy de Mondoit dut épouser tout de

même Isaure Dutron. Mais il a gardé de cette déception une mélancolie qui confine quelquefois au gâtisme complet. Dans cet état d'hébêtement où ses yeux regardent dans le vague et son esprit dans le néant, il donne de véritables inquiétudes aux aliénistes qui seraient si charitablement heureux de le trouver fou. Et quand sa femme l'interroge doucement, il se contente de lui répondre :

— Ce n'est rien ! C'est cette nuit où il faisait si chaud. J'ai fait l'imprudence de sortir nu-tête et j'ai attrapé un coup de lune.

LA GRENOUILLE ET LE VEUF

LA GRENOUILLE ET LE VEUF

I

Une fable de La Fontaine, alors? Mon Dieu! presque, mais presque seulement. L'admirable conteur, le seul poète à qui je pardonne d'avoir mal rimé, a emporté dans la tombe le secret de ses ingénieux apologues. Mon histoire ressemble un peu à l'un de ceux-ci. Notez que dans celle du Batracien jaloux du Ruminant, il s'agit aussi bien de la beauté que de la grosseur et que tout se doit prendre au figuré comme dans ces images. Il n'y a qu'une chose, marquise, que j'aimerais mieux vous prendre pour de bon qu'au figuré.

Ce n'était pas de sa chétive apparence que Landry était malheureux. C'était, au contraire, un beau gars et de solide encolure. Mais, était-ce le travail des champs — il était de son état jardinier — qui lui avait mis un hâle au visage? Toujours est-il que son teint bronzé ne rappelait ni les lys ni les rosés. Un masque de bistre en enveloppait la peau, rudement sillonnée çà et là par les rides où la fatigue avait fait couler ses sueurs sous le soleil.

Je vous demande un peu ce que cela pouvait lui faire? Virgile n'a-t-il pas dit dans sa belle églogue d'Alexis :

Alba ligustra cadunt: vaccinia nigra leguntur.

Ce qui veut dire, belle lectrice, que tandis que le blanc fruit du troëne est dédaigné, l'airelle brune attire la main des jeunes filles vagabondes autour des buissons. Mais Landry n'était pas un garçon à se consoler avec un peu de latinité. Il était furieux de s'entendre appeler : le nègre, par Maïma, la jolie créole que M. le général baron de Kuneth avait ramenée des colonies, élevée, gardée à son service et dont il était, lui, Landry, amoureux comme une bête. Exquise, en effet, cette Maïma avec ses beaux cheveux crespelés, les lumières d'ambre qui baignaient sa face, ses yeux noirs qu'égayait un double éclair de malice et sa bouche mignonne dont les dents n'étaient guère plus grosses que des grains de riz.

Le nègre! L'horticulteur bien épris savait tout

le mépris que ce mot comporte dans les exotiques pays d'où Maïma revenait.

Et la méchante ne manquait jamais d'ajouter :

— Monsieur ! à la bonne heure.

II

Le général baron de Kuneth, retraité et veuf, était, en effet, un des plus appétissants sexagénaires qu'on pût rêver. A un soin extrême de sa personne, qui est fréquent chez les anciens militaires, il devait toutes les apparences d'une santé robuste encore. Bien sanglé dans sa redingote, il avait presque l'air d'un jeune homme par derrière. Ce ne serait pas le lieu de citer un nouveau vers virgilien de l'Eglogue d'Alexis. Mais ce qui était remarquable et désespérait le misérable Landry, c'était le ton merveilleusement rose et blanc de son visage frais comme celui d'une poupée toute neuve, presque ridicule de fraîcheur et d'éclat. Et Maïma de s'extasier, sans cesse, sur ce phénomène et de répéter.

— Monsieur peut avoir l'âge qu'il voudra. Mais avec ce teint-là un homme a toujours vingt ans.

Et le pauvre jardinier enrageait encore davantage en l'entendant. Car il était jaloux, comme tous les amoureux, et le baron avait des familiarités inquiétantes avec la jolie créole, si inquiétantes que Landry se demandait s'il n'y avait rien là-dessous. Par exemple, on aurait pu affirmer le contraire des jupes de Maïma que remplissaient, à les tendre, des hanches épaisses et flexibles à la fois, dont le moindre tressaillement faisait pâmer le galant cultivateur de roses.

— Monsieur le baron a certainement un secret, pensait-il, pour si bien ressembler à un bol de crème où quelques fraises à peine ont été écrasées.

Et Landry se mit à épier la conduite de son maître pour surprendre le philtre qu'il buvait sans doute pour garder ce bel air de jeunesse sur les joues.

Mais il ne surprit pas le général en train de vider la moindre fiole dans son vin.

Alors il se mit à le surveiller à l'heure de sa toilette et bientôt ses soupçons se confirmèrent. Tous les matins le général s'enfermait un bon quart d'heure dans son cabinet. Cette apparente fraîcheur n'était-elle donc qu'un maquillage ! Mais non ! ces jolis tons de pastel tenaient trop bien pour être artificiels. Toute discrétion perdue, et emporté par son désespoir, Landry mit sournoisement un œil au trou de la serrure.

III

Et il put voir que le général ne buvait pas. Au contraire. Mais qu'il se débarbouillait intérieurement avec un litre d'eau qu'il introduisait dans sa personne au moyen d'une petite cuiller ressemblant fort au bout d'ambre d'une longue pipe.

— Mâtin ! se dit tout d'abord le jardinier. Je ne fumerai plus après lui.

Et l'eau sortait, par un long tuyau comme celui d'un narguileh, d'une petite pompe proprette et que rendait foulante un ressort intérieur. Ouf! en ai-je fait des périphrases pour ne pas nommer l'objet! C'est vraiment trop tourner autour du pot. Le général ne prit pas tant de peine, une fois sa douche emmaganisée dans son bedon de soudard. La curiosité de Landry s'arrêta à cette seconde partie de l'expérience qu'il connaissait de longue main ou plutôt de long nez. Il s'en fut en se bouchant les oreilles pour ne pas ouïr la diabolique musique qui sortait des entrailles de son vénéré patron. Car le général avait servi dans l'artillerie et avait conservé l'habitude du canon. Ce qu'il vous bombardait un caleçon! Mais c'était un homme bien élevé, un vrai patricien qui attendait, pour ces exercices à feu, d'être dans une relative solitude.

— Maintenant je sais ! se dit Landry.

Mais il était vraiment bien avancé de savoir! M. le baron de Kuneth n'avait-il pas mis, devant lui, sous clef le précieux instrument? Les vilenies que fit le pauvre jardinier pour se procurer cette clef mystérieuse ne sont pardonnables qu'à un homme bien épris. Mais le général qui tenait, vraiment, à garder secrètes ses hydrothérapies intérieures et matinales, ne se séparait jamais de ce maudit bout de ferraille. C'est alors que Landry eut une idée, conçut un plan, lesquels n'étaient pas indignes d'un homme de génie.

Bien que située à une distance de toute ville de

quelque importance, laquelle ne permettait pas au jardinier d'y aller quérir un objet semblable à celui dont il avait vu son maître se servir, la propriété de M. de Kuneth comportait tous les raffinements dont le progrès contemporain a compliqué la vie de campagne, si simple autrefois. C'est ainsi que l'arrosage du jardin ne s'y faisait pas au moyen d'eau puisée dans quelque citerne d'où le seau remonte avec un bruit de corde mouillée qu'on n'entend plus guère qu'aux environs de Toulouse. Et je le regrette, parbleu! le gémissement du chanvre pleurant dans les soirs d'été, et aussi le grand balancement des perches faisant levier au-dessus des margelles et pareilles à de grandes pattes de sauterelle. Non! Les parterres étaient désaltérés au moyen de longs tuyaux en caoutchouc adaptés à des robinets s'ouvrant sur une eau soumise à une pression considérable et jaillissant au moindre tour de vis avec fracas!

— Voilà, parbleu! mon affaire! s'écria *in petto* Landry.

Car vous savez que, quand nous nous parlons à nous-même, sans que rien puisse être entendu de cette conversation, celle-ci prend les tons les plus divers, depuis celui de la fureur jusqu'à celui du mystère.

IV

Dans une jolie branche de sureau dont il avait chassé la moelle, il s'était taillé une embouchure comme font les gamins pour siffler et imiter la flûte dans les buissons dominicaux. Puis, comme un singe, il imita la pantomime du baron prenant son apéritif matinal. Crac, un petit tour de robinet. Mais il poussa un cri épouvantable. Il n'avait pas compté sur la force du jet, qui, tout en le chassant à trois mètres, continuait à l'emplir au risque de le faire éclater. Il se roulait misérablement dans le gazon, quand on vint à son secours. Maïma fut la première. C'est le général qui, avec son expérience d'artilleur, retira l'écouvillon. Landry était sur le ventre. Un grand jet d'eau monta jusqu'au ciel qui eût pu faire envie à la pièce des Suisses. On l'avait tout d'abord déshabillé en arrachant ses vêtements. Il ne paraît pas que Maïma eut fait de découverte déplaisante dans cet inventaire. Car, touchée de ce que le pauvre garçon avait souffert dans le seul espoir de se rendre aimable, par un sentiment de justice bien rare parmi les femmes, elle l'aima depuis ce jour-là. Le mariage eut lieu au château. Parmi les présents de noce figurait un éguisier magnifique offert par le baron. Mais Landry avait gardé une telle terreur de cet instrument, qu'il ne le voulut conserver qu'à la condition qu'on en fît une pendule. C'était un retour ingénieux à la clepsydre antique.

Voilà, je l'espère, une histoire morale.

Démoralisons-la un peu en insinuant que le baron fit Landry cocu, ce qui n'est peut-être pas vrai. Mais bah! un cocu de plus ou de moins, ne voilà-t-il pas une belle affaire dans un pays fertile comme le nôtre, et où tout croît en abondance, s'il faut en croire les dictionnaires géographiques dont je fais ma lecture ordinaire, quand je n'ai sous la main que les œuvres de Camille Doucet.

ARCADES AMBO

ARCADES AMBO

I

On a, me disait un jour Toussenel, deux sortes d'amis : ceux qu'on aime et ceux qu'on n'aime pas. Pour Marius Cascamille, Numa Campirol appartenait à la seconde catégorie. Et cependant, depuis trente ans, on les voyait presque toujours ensemble ; tous deux avaient vendu des olives pendant tout ce temps et tous deux avaient un accent qui était remarqué, même à Marseille. Mais tout avait réussi à Numa Campirol qui avait fait une fortune considérable et possédait pour fils le plus beau garçon de la Canebière, tandis que Marius Cascamille avait gagné fort peu d'argent et ne tenait de sa défunte femme qu'une fille dont le visage n'était pas pour appeler les maris. Je ne compterai pas les sacs d'écus de l'un et de l'autre, mais, en peu de mots, j'en décrirai les héritiers. Donc, Aristide Campirol, second du nom, était un gars superbe, bien découplé, avec un visage où se lisait la filiation hellénique, brun comme une airelle, fort comme un Turc, très couru des jolies filles et dont son père était fier, très justement. Le brave homme ne rêvait pour lui que de magnifiques alliances et il attendait sérieusement que quelque princesse Levantine s'éprît de cet Adonis. Il ne tarissait pas sur les perfections de son rejeton et avait coutume d'en clore l'énumération par cette affirmation modeste :

— C'est tout moi, quand j'avais son âge.

— Menteur ! grommelait Marius Cascamille en l'entendant dire cela.

Car il savait mieux que personne à quoi s'en tenir sur les charmes de la jeunesse de son compagnon.

Et le bonheur insolent de celui-ci ne faisait qu'augmenter sa jalousie.

II

Mais que me voilà embarrassé vraiment de vous tracer l'image de mademoiselle Vivette Cascamille.

C'est une justice que vous me rendrez de ne vous avoir jamais présenté que de charmantes personnes. Mes héroïnes ordinaires ont toujours un nez d'un dessin inexorablement correct, une chevelure abondante escaladant la nuque en cascades d'ombres ou baignant les épaules d'un flot vivant de lumière dorée. J'ai, sans exagération aucune, comparé constamment leurs yeux à de beaux lapis transparents et constellés ou à de noires mûres toutes luisantes de matinale rosée, leurs bouches à des écrins se fermant sur des perles ou à des grenades entr'ouvertes sur leurs pépins luisants ; je n'ai jamais épargné à la description de leur teint les jardins de lys et les parterres de roses que je saccageais impitoyablement au profit de leurs joues, et j'ai vu jusqu'à des vols gracieux d'hirondelle ou de nautiques boutons de nénuphars dans les délicieuses fossettes de leur menton. Et je n'exagérais pas. Je demeurais même très au-dessous de la vérité. Il n'est rien dans les splendeurs de la nature qui puisse servir d'image fidèle aux charmes immortels de la féminine beauté. Ce n'est jamais que la merveille d'un décor autour de la souveraine idole triomphante dans la fumée des encens.

Eh bien ! il m'est impossible de vous dire rien de pareil des traits de mademoiselle Vivette.

Et le courage me manque pour vous faire toucher au doigt les défections du Beau à l'endroit de son visage. Pour énumérer en gros, elle était non pareille à toutes celles dont j'aimais à mettre sous vos yeux l'image longtemps caressée.

Quant au reste de sa personne, — j'entends tout

ce que les jeunes personnes bien élevées ont coutume de vêtir, — vous me permettrez de n'en pas sonder le secret à travers le mensonge des jupons et l'artifice du corsage. Il s'agit d'une demoiselle parfaitement honnête et que je ne me permettrais pas de déshabiller en plein vent pour vous être agréable. Ce sont façons d'écrivains érotiques, qui ne sont pas les miennes, jour de Dieu!

III

Marius et Numa étant voisins, Aristide et Vivette avaient été élevés à côté l'un de l'autre. Aristide, insolent comme un bellâtre en herbe, avait, tout enfant, raillé la laideur de sa petite amie, ce qui faisait beaucoup rire son imbécile de père. Vivette, qui était une créature très douce, souffrait sans doute de ces moqueries, mais elle ne s'en fâchait jamais. Elle avait la bienveillance et l'humeur pacifique naturelles aux personnes dodues. Car j'ai omis de vous dire que mademoiselle Cascamille était légèrement grassouillette. A quel point? C'est, encore une fois, ce que je refuse d'approfondir, par le sentiment de discrétion que j'ai dit plus haut. M. Campirol avait une telle confiance dans le goût de son fils, qu'il ne voyait aucun inconvénient à laisser gaminer ensemble ces deux enfants de sexe différents. Et le pauvre Cascamille, toujours besogneux et condamné à la vie misérable de courtier toujours en chemin, n'avait guère le temps de surveiller sa fille.

Or, il advint qu'un jour, — Aristide allait avoir vingt ans et Vivette en venait d'avoir dix-sept — après une promenade dans laquelle Vivette était tombée d'âne, sans se faire, d'ailleurs, le moindre mal, les mauvaises plaisanteries d'Aristide sur Vivette cessèrent tout à coup et firent place à infiniment d'égards, presque à de la galanterie.

— Comme il se moque d'elle ! pensait Numa.

Et comme la jeune fille recevait avec une douceur sérieuse les hommages que le vieil homme estimait purement comiques :

— La pôvre ! ajouta-t-il, toujours *in petto*, comme elle coupe dedans !

Et, en bon nabab que la morale ne gêne pas, il trouvait que son fils avait parfaitement raison de s'amuser avec les illusions de cette petite.

IV

Nous ne sommes plus à Marseille, mes enfants, nous avons quitté les rives de la grande mer bleue, et c'est en plein boulevard parisien, dans la douce lumière tamisée par la toile d'une devanture de café, devant une absinthe dont l'émeraude tressaille dans le verre, aux obliques rayons du soleil déclinant, que nous retrouvons notre ami Campirol, spécialement venu pour juger de l'état d'avancement de la tour Eiffel et affirmer au retour, que la moindre cheminée, à Marseille, est autrement majestueuse. Un bon sourire de vanité plisse sa large bouche de diseur de mensonges. Comme il nous méprise du haut de son souvenir provençal et l'admirable dédain qu'il a pour notre soleil et pour notre ciel brouillé! A peine s'il regarde les passantes dont le joli pas, sonnant sur l'asphalte, nous fait passer un frisson. Il est bien le Phocéen vainqueur, qui a conquis la grande ville et qui vient jeter un coup d'œil sur ses territoires. Et méthodiquement, en gourmet, il égrène, dans le vert liquide qui se trouble, les perles d'une carafe frappée.

Tout à coup, il a comme un soubresaut. Marius Cascamille est devant lui.

— Té! Adieu, Marius!

Et, subitement inquiet :

— Est-ce qu'il y a, là-bas, quelque chose de nouveau ?

— Oui, mon petchoun! répondit Cascamille, en s'asseyant sans y être le moins du monde invité.

Et il ajouta :

— Ton fils Aristide m'a demandé la main de ma fille Vivette.

Numa Campirol fut pris d'un violent éclat de rire.

— Comment! fit-il en étouffant cet accès. Toi aussi, tu as pris au sérieux ?...

— Je t'apporte la lettre dans laquelle il te demande respectueusement ton consentement, en attendant de passer outre.

Pour le coup, M. Campirol, très ému, se leva et, d'une voix tonnante :

— Ce n'est pas vrai. C'est impossible !...

— Et pourquoi donc ? reprit M. Cascamille sur un ton de dignité froissée.

— Parce que mon fils m'a dit cent fois qu'il ne pouvait pas voir ta fille en face.

Marius Cascamille eut un éclair d'orgueil paternel qui lui passa sur le front, et avec une expression de satisfaction et de suffisance tout à fait héroïques :

— C'est qu'il l'aura vue, dit-il, de l'autre côté !...

PAS DE CHANCE!

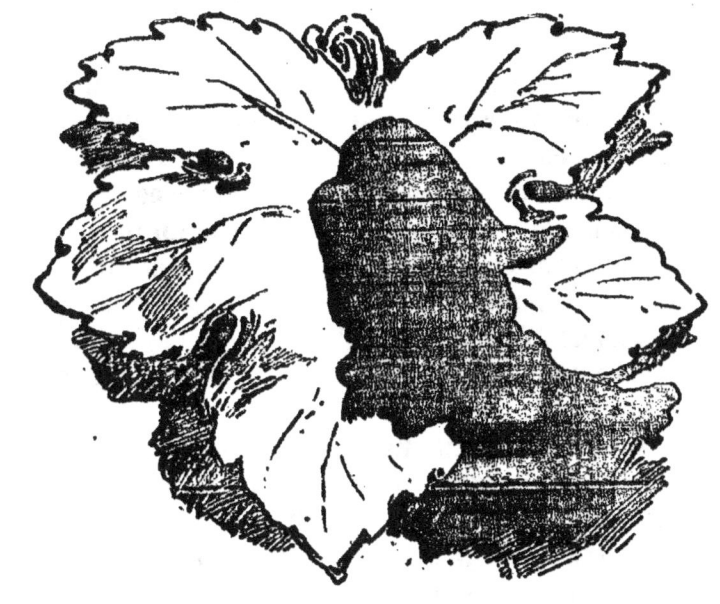

PAS DE CHANCE!

I

La vie est si triste de nos jours, qu'il en faut violemment sortir pour trouver ailleurs un élément de gaieté, dans le pays du souvenir ou dans le ciel de l'invention, par exemple ; et c'est la meilleure excuse au côté chimérique des contes que j'écris ici, pour ne vous point faire oublier que « rire est le propre de l'homme », suivant l'axiome du divin Rabelais.

Mais aujourd'hui, et pour cette fois seulement —

comme on dit dans les parodies foraines, et au risque encore d'être aussi lamentable que mes plus mélancoliques contemporains, je veux vous dire une histoire vraie, affreusement vraie, qui s'est passée à Toulouse et qui n'est cependant pas un mensonge ; une aventure absolument authentique et qui me fut narrée, à moi-même, par de braves gens absolument dignes de foi. D'ailleurs, les pièces à l'appui doivent encore figurer au greffe et les curieux pourront les y consulter.

Sans avoir honte du métier d'amuseur public, que j'ai volontairement choisi et qui eut, après tout, des maîtres immortels et inimitables, dans notre langue, je ne me veux pas laisser passer pour un homme absolument insensible aux misères de ce temps. C'est vraisemblablement pour n'en pas pleurer que j'ai pris le parti — non d'en rire, le courage me manque pour aller jusque-là, — mais de rire d'autre chose. Pour ne point faire bruyamment de philanthropie et n'être point un farouche égalitaire, comme j'en sais qui vivent grassement de cette opinion, je n'en suis pas moins un rude ami des pauvres diables qui peinent et « guaignent cahin caha leur paouvre et paillarde vie », comme il est écrit dans *Pantagruel*. Ma bourse, sinon ma plume, a toujours été à eux. Aucun ne s'est plaint encore de ce choix dans l'expression de ma sympathie. Et ce n'est pas, au moins, pour que le Dieu de l'Evangile me le rende au Paradis, puisque je suis le dernier fervent des dieux qui régnaient en Olympe et qui s'occupaient à boire de l'ambroisie plutôt qu'à tenir la comptabilité de nos vertus.

Ceci dit, pour ne vous pas prendre en traître, je commence en vous souhaitant toutes sortes de prospérités.

II

Quand les gendarmes l'amenèrent, à travers la ville, les pieds écorchés entre les sabots poudreux de leurs chevaux, on ne fit tout d'abord guère plus attention à lui qu'à n'importe quel autre vagabond porteur de menottes. On ne se distingue pas, à première vue, dans l'espèce, par le délabrement des habits pendant en loques sur des nudités entrevues. L'uniforme de la misère est à peu près le même pour tous. On lui avait, d'ailleurs, rabattu son chapeau mou et défoncé sur les yeux. Car, sous le chapeau était le corps même du délit, le chef de l'accusation, comme on dit en justice. Et, savez-vous pourquoi l'autorité qui compète à travers champs avait mis la main dessus ? Pour l'exhibition de dessins obscènes dans un village où il demandait l'aumône. Ce n'était pas, en effet, un simple cas de mendicité que le sien ; il était compliqué d'un outrage aux bonnes mœurs. Ce n'était pas pour un *Nu au Salon* qu'il allait être poursuivi, mais pour quelque chose de pareil. Et ce quelque chose ne figurait pas, comme la jolie image de Japhet, sur la première page d'un livre, mais bien sur le visage même du délinquant où les plus bizarres fantaisies étaient tracées au crayon bleu, phallus, fesses rebondies, et ce qu'on appelle dans le Cantique des Cantiques : *Quod intrinsecus latet*, toutes les images inconvenantes, en un mot, que les jeunes polissons ont coutume de tracer sur les murs Au-dessus de cet étrange musée, sur le front et parfaitement lisibles, on pouvait voir ces mots : Pas de chance ! Cet album vivant avait beaucoup fait rire les godelureaux campagnards dont ce malheureux sollicitait les gros sous. Mais les bégueules s'étaient fâchées tout rouge et la maréchaussée avait prestement enlevé cet indélicat exposant dont les joues n'étaient vraiment qu'une vitrine pornographique.

III

Le parquet mit sa serre sur la proie (ce qui ne veut pas dire que messieurs les substituts soient tous des aigles). L'instruction commença et le mutisme du prévenu ne lui fut pas favorable tout d'abord. Enfin il se décida à parler et daigna se justifier devant la magistrature. Déporté, puis gracié, il était revenu en France sur un bâtiment dont l'équipage était remarquablement facétieux. Car c'était messieurs les matelots qui, l'ayant grisé à bord, lui avaient exécuté cette peinture sur le visage, exquise plaisanterie et qui présente notre marine sous un jour vraiment joyeux. Dès lors, il n'y avait plus à rendre ce malheureux responsable. Mais on ne le pouvait remettre en liberté, sans qu'un nouveau scandale fût à craindre immédiatement. A tout prix, il fallait donc faire disparaître de sa face toutes ces vilenies et malséantes incongruités. Un débarbouillage au savon noir ne produisit aucun résultat. Une friction au papier de verre ne réussit pas davantage. La gomme élastique avait échoué misérablement. La mie de pain avait été également humiliée. Ce barbouillage obscène pouvait être garanti bon teint.

Mais Toulouse est une ville de ressources. On amena notre homme, toujours le chapeau mou chastement rabattu sur les yeux, au laboratoire municipal, où mon savant ami Sur le soumit aux réactifs les plus appréciés. La peau ayant rougi, on crut un instant à la présence du tournesol, mais ce fut une espérance vite dissipée. Tous les manuels de chimie industrielle furent compulsés ; tous les teinturiers de la ville réunis en concile délibèrent. Les fâcheux dessins persistaient et se ravivaient même sous ces multiples traitements.

Alors on recourut à l'Académie de médecine. Car Toulouse possède une faculté. Les professeurs et les plus éminents praticiens proposèrent chacun sa méthode. Le plus hardi proposait de renouveler la belle expérience de Marsyas et de donner ensuite au patient une peau artificielle. Mais celui-ci, qui n'avait aucune coquetterie, persista à vouloir garder son épiderme, bien qu'il lui eût été affirmé que le nouveau serait infiniment plus joli. Esculape finit par donner sa langue au chat, un fichu ragoût pour un matou un peu difficile.

IV

C'est alors qu'une idée de génie poussa à un savant dont je ne blesserai pas la modestie en le citant. Puisqu'on ne pouvait absolument enlever cet indécent tatouage, au moins pouvait-on le modifier dans un sens favorable aux bonnes mœurs. Le procédé de ces dessins indélébiles est connu : une série de piqûres au sang sur lesquelles on allume une traînée de poudre. Il fallait reprendre en sous-main l'œuvre des marins et lui donner un caractère décoratif nouveau. Le pauvre diable consentit à ce nouveau martyre, condition de la liberté pour lui. Ce fut un petit travail de patience délicieux. Un habile dessinateur transforma les derrières en roses ouvertes, et tout le reste à l'avenant. Un trait par ci, un trait par là. Ce fut bientôt une nature morte admirable que la figure du tatoué ; on y voyait des huîtres entrebaillées, des asperges foisonnantes, un tas de comestibles innocents entremêlés de fleur pudiques ; un souper servi dans un jardin. Ainsi transformée, la figure du vagabond eût pu servir d'enseigne à la maison Chevet. Ce n'était pas seulement convenable, c'était appétissant. Les plus belles éditions, expurgées, par les Jésuites, des classiques latins, pourraient seules donner une idée de ce délicat ouvrage. La censure n'avait jamais rien fait de mieux. L'artiste qui avait accompli cette métamorphose eût été capable de changer en *Catéchisme de*

Saint-Sulpice, Justine ou *Thérèse Philosophe.* Ce n'était pas seulement *ad usum Delphini*, mais à l'usage des petits enfants. On aurait pu se servir de ce visage transformé pour enseigner la botanique dans les écoles primaires. Un murmure de satisfaction salua le résultat.

Après quoi le misérable fus remis en liberté.

V

Mais, comme il lui était bien impossible de manger les asperges et les huîtres dont on l'avait gratifié, et comme son visage amusait infiniment moins les badauds que quand il ressemblait au Musée secret de Naples, la misère n'en devint que plus grande pour lui. On dut le réemprisonner constamment pour vagabondage. Il est mort à l'hôpital, il y a quelques jours. Son trépas a mêlé ses lys funèbres aux floraisons épanouies sur ses joues et sur son front. Entre ses tempes sans battements, on lisait encore ces mots où toute son histoire était vraiment écrite: PAS DE CHANCE !

L'AVEU

L'AVEU

I

— Alors, mon cher Clovis, voilà qui est bien entendu. Vous vous mariez ?

Le capitaine eut un sourire odieux d'hypocrisie et de feinte tristesse :

— C'est pour ma mère qui l'exige, Apolline, fit-il.

— Vous vous y prenez bien tard pour tant vous préoccuper de son avis.

— Mais c'est surtout pour vous, que je me résigne à ce parti.

— Pour moi! Par exemple!

— Ce nous fut, avouez-le, ma chère, une chance impertinente de n'être jamais surpris par votre mari! Il faut bien la bêtise de M. Charançon...

— Holà! Holà! monsieur, je vous prie de respecter cet honnête homme.

— A mon tour je vous dirai, madame : vous vous y prenez bien tard pour m'en prier.

— C'est peut-être moi, maintenant, qui vous ai fait les premières avances?

— Je ne dis pas cela, bien que je n'eusse jamais pensé, le premier, à chercher votre pied sous la table.

— Vous avez des regrets, à présent?

— Dieu m'en garde. Mais j'ai des remords. Un si honnête homme!...

— Têtu; une fichue bête!

— A mon tour je vous prierai, Apolline, de ménager mon ami.

— Ah! tenez, Clovis, votre conduite est abominable! Moi qui me disais: il m'aimera jusqu'au grade de colonel... et, ensuite, tout m'est égal, parce que les généraux!... Mais non! avant même de passer chef de bataillon! Et pour épouser quelque dinde!

— Mademoiselle de Lichepertuis...

— De Lichepertuis! un grand nom, n'est-ce pas? et de la noblesse authentique! Vous vous encanailliez avec moi! Une petite bourgeoise, c'est bon pour faire une maîtresse! Mais il faut à monsieur une Montmorency pour épouse! Je vous en flanquerai, moi, des armoiries, imbécile ! Tenez, tous les blasons du monde ne valent pas ça !

Et, furieuse, madame Charançon se frappait rudement sur une fesse.

Et, comme elle les avait dodues, je répéterai avec elle : Non ! tous les blasons du monde ne valent pas ça ! Honneur et gloire aux callipétardières, fussent-elles de vieille roture, morbleu !

— Vous êtes bien décidé, Clovis ?
— Absolument.
— Eh bien ! je vous jure que ce mariage ne se fera pas !
— Et qui l'empêchera ?
— Moi, capitaine.
— Vous êtes folle ! nous aurions mieux fait de nous quitter amis.

Et, plantant son képi en tapageur sur l'oreille droite, le militaire sortit en bougonnant odieusement contre les femmes.

II

— Eh bien ! où est le capitaine ?

Ainsi dit en rentrant, le délicieux Charançon qui, comme les cocus de race et de souche vraiment cornue, ne pouvait se passer de l'homme qui le déshonorait.

— Le capitaine ne reviendra plus jamais ! fit mélancoliquement Apolline.

— Jour de Dieu ! vous aurait-il manqué de respect.

— Au contraire. Mais il se marie.
— C'est une folie qu'il fait !
— C'est ce que je me suis permis de lui dire.
— Qu'est-ce qui me fera mon domino, maintenant ?
— Oui, qu'est-ce qui fera votre domino ?
— C'est un ingrat !
— Vous ne savez pas à quel point, mon cher mari. Et puis, il y a bien autre chose !
— Quoi donc ?
— Ou plutôt il n'y a rien.
— Qu'entendez-vous par là, ma chère.
— Ce que vous voudrez.
— Soyez plus précise, de grâce.
— Eh bien ! le capitaine n'a rien de ce qu'il faut pour se marier !
— C'est absolument mon avis.
— Vous vous en doutiez alors ?
— Mais oui ! D'abord aucun militaire n'est fait pour le mariage.
— Allons ! vous ne m'avez pas comprise ! Je ne vous ai pas dit : « Il l'a ni cela, ni cela. » Je vous ai dit « Il n'a rien de ce qu'il faut. »
— Et comment le savez-vous, madame ?

Madame Charançon rougit adorablement et tombant aux pieds de son mari.

— Pardonnez-moi, fit-elle.
— Vous pardonner ! quoi ?
— Rien, comme vous le verrez tout à l'heure.
— Alors, relevez-vous, Apolline. Mais j'exige un aveu complet. Vous avez été au moins légère. Votre franchise seule peut vous mériter mon indulgence. Parlez, vous dis-je, parlez !

Et le véhément apothicaire — car c'en était un — — prit l'attitude redoutable d'un juge.

III

— J'étais seule à la maison, commença mélancoliquement Apolline, un jour que le capitaine me vint rendre visite. Malgré moi, la conversation prit un tour inconvenant, si bien qu'au moment où je m'y attendais le moins, cet homme sans réserve (oui, sans réserve est le mot) se précipita sur moi, je ne sais pourquoi faire !

— Comment ! Vous ne savez pas !

— Non ! poursuivit Apolline en rougissant. Car je ne sais à quoi attribuer... l'émotion, sans doute.

Charançon avait compris. Un éclair de joie sauvage passa dans ses yeux.

— Et après ? reprit-il sur un ton calme.

— Nous nous revîmes quelquefois. Mais je suis bien embarrassée pour vous dire !... Peut-être, après tout, ne lui plaisais-je pas autant qu'il l'avait supposé...

— Il est difficile ! interrompit M. Charançon, vexé dans sa dignité de mari.

— Moi-même, je n'aurais jamais cru qu'un homme ayant toutes les apparences de l'éloquence, perdit la parole avec cette facilité !

— Muet, alors ? absolument muet ?

— Comme une carpe.

— Dieu soit loué dans sa miséricorde ! fit l'époux triomphant.

Et, tendrement, il prit madame Charançon dans ses bras. Mille pardons se pressaient sur sa bouche avec des baisers. Il s'excusa d'avoir douté d'elle et lui promit une paire de boucles d'oreilles qu'il lui refusait depuis longtemps. Ah! c'est qu'il avait eu une fière peur!

— Agélisas! lui dit tout à coup et avec une certaine solennité, celle dont venait d'éclater si glorieusement la vertu. Agésilas, ne pensez-vous pas qu'il serait absolument malhonnête et indigne de vous comme de moi, de laisser une jeune fille de grand nom, mademoiselle Licheperthuis...

— Une Licheperthuis, fichtre!

— L'héritière d'une famille où l'on tient, avec raison, à faire souche, une innocente demoiselle qui ne sait rien de la vie, convoler avec un homme qui cache aussi misérablement son jeu?

— Comment qui le cache? dites: qui n'a pas de jeu du tout! En effet, c'est impossible, et la morale la plus élémentaire me dicte impérieusement mon devoir. Il faut les prévenir à l'instant, ces Licheperthuis, ces généreux fils des croisés, cet *ultimum decus* de la gentilhommerie française... il les faut mettre en garde contre ce faux monnayeur!

— D'accord! Agésilas, et je vous sais gré de cette indignation magnanime. Je vous avais deviné. Aucune délicatesse ne vous échappe. Cependant, peut-être vaudrait-il mieux que ce ne fût pas vous-même...

— En effet, la Renommée a cent bouches et je n'en ai qu'une. Encore lui manque-t-il plusieurs dents depuis ces maudites fluxions que je devais, d'ailleurs, à ce damné capitaine, car il avait la rage

des courants d'air. Mais il va me le payer, l'animal !
Il va nous le payer, Apolline. Je vais de ce pas au
café. C'est l'heure de l'absinthe. Et la nouvelle fera
vite son chemin.

Madame Charançon tendit à son mari son chapeau
et sa canne.

— Va ! mon héros, fit-elle.

IV

Et les habitués du café Mirouflet en virent une
belle : M. Charançon, allant de groupe en groupe et
parlant à l'oreille de chacun dans le miroitement
des émeraudes liquides et le rouge reflet des amers
transformant les verres en d'immenses rubis.

Et chacun de se retourner en disant : Pas possible !

— J'en suis certain, vous dis-je.

Et, comme l'incrédulité ne semblait pas encore
vaincue :

— C'est de ma femme que je le tiens ! Ha ! ajoutait-il plus bas avec l'orgueil d'un homme qui peut
prouver ce qu'il dit.

Et voilà comment le capitaine Clovis n'épousa pas
la haute demoiselle de Licheperthuis. Et voilà pourquoi Charançon ne manqua jamais une occasion de
s'écrier :

— Ma femme ! Ah ! quel ange de délicatesse !
Quelle conscience subtile ! Quel trésor !

LA CONCESSION

LA CONCESSION

I

L'honorable dont je venais prendre congé, avant de m'en aller en vacances, parce que ma famille m'avait recommandé de me ménager sa protection, était, par extraordinaire, prodigieusement occupé. A peine m'entendit-il entrer et me gratifia-t-il d'un bonjour en profil perdu, courbé qu'il était sur ses paperasses. J'allais me retirer, quand enfin il daigna tourner un instant la tête de mon côté et me dire .

— Pardon! mon jeune ami, je suis à vous dans un moment.

Et, en effet, il se résigna bientôt à me faire face et poursuivit :

— On ne m'accusera pas, moi, de sacrifier l'intérêt public à celui de mon élection. Savez-vous ce que je viens de faire, Jacques? Eh bien! j'ai conclu au rejet d'un des vœux les plus chers du conseil général de mon département, qui voulait doter ma commune d'un chemin de fer, lequel aurait passé juste devant le seuil de ma propriété et y aurait eu sa station. La fortune pour moi, puisque cela eût triplé le prix de mes terrains. Mais avec les charges que nous avons aujourd'hui!

J'admirais ce député désintéressé entre tous.

Il poursuivit, après avoir savouré mon muet éloge :

— Et puis, je n'aime pas le bruit des trains, et cette voie ferrée eût prodigieusement troublé le recueillement où je me complais à Milleperthuis. Le sifflet de la locomotive eût réveillé ma femme la nuit, et c'est ce que je ne voulais à aucun prix.

— Tendre sollicitude pour madame Engoulevent!

— Et pour moi-même, jeune homme. J'ai vingt-cinq ans de plus que ma femme, ce qui me donne quelques raisons pour respecter son sommeil. J'ai connu le concierge d'une maison de noctambules où l'on tirait le cordon à toute heure : il était accablé de postérité. Il serait ridicule que je me misse à faire des enfants maintenant. Aussi la nature y a-t-elle pourvu. Mais alors est-il inutile d'en donner la tentation à madame Engoulevent.

Je regardai celui qui me parlait avec cette rude franchise. Je pensai à sa femme bien digne, en effet, d'avoir un autre époux que ce débris parlementaire, et plus idoine aux choses divines de l'Amour. Comme j'aurais mieux fait sa besogne à sa place, non pas à la Chambre, au moins, mais dans sa chambre! Et que cette callifessière personne eût bien été mon fait! C'est pitié que de si nobles biens demeurent en friche, faute d'un cultivateur consciencieux. La belle floraison que le zéphyr des caresses eût épanouie sur ce parterre abandonné! Mais moi aussi, j'allais de ce côté, à une demi-heure à peine de Milleperthuis!

Et un fol espoir me passa dans le cerveau. Mais ces mots l'y réfrenèrent aussitôt :

— Vous savez, Jacques, que je pars aussi ce soir, et que, si vous voulez, nous ferons route ensemble.

Comment décliner un tel honneur? Ma famille ne m'eût jamais pardonné de le faire, et j'acceptai avec un enthousiasme menteur le rendez-vous que l'honorable me donna à la gare, où je devais l'aider à faire enregistrer ses colis.

Et moi qui m'étais promis de faire des vers en route, comme tout bon poète en voyage, lorsque quelque aventure galante ne l'en détourne pas!

II

Mes regrets s'accentuèrent quand le compartiment où j'étais avec ce législateur se referma sur une magnifique personne à laquelle je cédai galamment mon coin. A défaut de madame Engoulevent, celle-ci aurait joliment fait mon affaire. Mais le moyen de lui faire la cour, devant un homme dont la protection m'était nécessaire pour entrer dans l'administration? Un autre se chargea, d'ailleurs de ce soin, et s'empressa immédiatement auprès de la nouvelle venue, cela à mon nez que j'avais déjà et à ma barbe que je n'avais pas encore! J'étais furieux. Et, durant que je déplorais ma malechance, ce fâcheux Engoulevent m'assassinait de politique. En voilà des gaillards dont il faut soigneusement éviter la conversation!

La voyageuse descendait longtemps avant nous. Son adorateur improvisé allait plus loin. C'était une consolation méchante pour moi. Et encore devait-elle m'échapper. En effet, quand cette opulente personne — je n'entends parler, au moins, que de ses richesses naturelles, car je ne suis pas de ceux que tentent les autres chez leurs maîtresses — se mit en devoir de nous quitter, recherchant un à un, dans le filet, les menus objets dont les femmes s'embarrassent avec délices, mon rival parut pris d'une résolution soudaine et opéra du même coup son déménagement. Lui aussi allait nous fausser compagnie sur les pas de l'inconnue. Et dans quelle intention, mon Dieu! Ses hommages avaient paru accueillis avec indulgence. A lui le glorieux pétard de cette noble demoiselle! A moi l'humiliation d'écouter encore les billevesées de mon persécuteur!

Décidément, le sort m'accablait. Cette sortie du wagon en partie double provoqua, il est vrai, quelques sourires mauvais. Mais comme je me serais moqué de l'opinion des hommes en cette occurrence ! Etre conspué de mes concitoyens et aimé de cette belle fille ! quel rêve ! quel opprobre charmant !

— Voilà l'effet du chemin de fer ! fit assez bas pour que tout le monde l'entendît, néanmoins, le célèbre docteur Mirepoil, qui était mon compagnon de route.

III

— En effet, dit maître Engoulevent, le chemin de fer se prête à des rencontres.

— Moins que la diligence, interrompit le docteur. Et il ajouta malignement :

— C'est peut-être pour cela que vous ne voulez pas du chemin de fer chez vous et aimez mieux faire quinze heures en patache pour y rentrer. Mais vous n'avez pas compris ce que je voulais dire. Je parlais d'un effet absolument physique et souvent constaté, d'une excitation toute matérielle produite, sur les nerfs, par la trépidation particulière des trains et qui peut être considérée comme un des apéritifs aphrodisiaques les mieux éprouvés. Maintenant que nous sommes entre hommes seulement, j'en appelle aux souvenirs et à l'expérience personnelle de tous ces messieurs.

La conversation prit alors un tour d'une délicatesse telle, que je m'interdirai de la reproduire. Chacun vanta le résultat de ses observations individuelles. Le gingembre était souverain pour celui-ci et la cannelle héroïque pour celui-là. Tel autre se trouvait à merveille du céleri et tel autre du poivre de Cayenne. On mentit prodigieusement sur les beaux effets obtenus. Ce fut une admirable occasion de faire le matamore au lit, une des variétés les plus grotesques de matamores. Car nous aurons beau faire, nous serons toujours loin, à ce point de vue, des lapins et des cochons d'Inde. Quant au coq, il nous regarde du haut de sa crête rouge, avec un souverain mépris.

— Tout ça, ce sont des bêtises, fit mélancoliquement M. Engoulevent, comme un homme vraiment revenu de ses illusions culinaires.

— C'est aussi mon avis, reprit le docteur Mirepoil. Ce n'est pas à l'estomac qu'il faut s'adresser en cette occurrence. Les vrais condiments, pour ce genre particulier de repas, sont les tentations qui nous viennent de l'éternelle beauté des formes et ni gimgembre, ni cannelle, ni poivre, ni céleri ne vaudront jamais, sur la table qu'il faut pour le servir, un beau rable féminin bien en belle chair savoureuse, ayant le glorieux et double fumet de la jeunesse ferme et de la santé insolente, avec la double blessure encore ouverte de la broche... je m'entends ! Mais le chemin de fer c'est autre chose. Il s'agit d'une action mécanique, d'un effet physiologique immédiat, vraiment très profitable à la félicité des ménages où le mari rentre après quelques heures de ce genre de locomotion.

Maître Engoulevent prêtait depuis un moment l'oreille.

— Or ça, fit-il tout à coup très gravement et en s'adressant au docteur, cet état persiste-t-il longtemps ?

— Non, certes, mon cher député. Un trajet cahoteux et sans rythme en guimbarde, par exemple, le dissipe rapidement et le remplace par un lumbago, ce qui est infiniment moins plaisant. Il faut donc se hâter de profiter de cette disposition accidentelle et fugace, sous peine d'en perdre absolument le bénéfice.

— Ah !

Et, après cette interjection peu compromettante, l'honorable devint étrangement rêveur. Comme nous approchions du terme de sa route :

— Il ne faudra pas, Jacques, me dit-il à l'oreille, ébruiter ce que je vous ai dit tantôt en confidence. Inutile de m'aliéner l'esprit de mes électeurs. D'autant que la réflexion m'est venue, que je trouve maintenant que le chemin de fer passant à Milleperthuis même, s'arrêtant à ma porte, ne serait pas sans avantages. J'aime le mouvement. Les voyages ne me coûtent rien. Je pourrais faire ma petite promenade en railway tous les soirs avant de me coucher et, ma foi ! si le sifflet de l'arrivée réveille madame Engoulevent, tandis pis ! Je conclurai donc vigoureusement en faveur de cette ligne. Le bien du pays et de mes concitoyens avant tout !

L'HYPNOTISÉ

L'HYPNOTISÉ

I

Il m'est demeuré, de mon ancienne instruction de polytechnicien, — non pas l'espoir de devenir un jour président de la République, mais le goût de suivre toutes les découvertes qui se font dans le monde de la mathématique et de la physique. C'est une lecture que je m'obstine à croire plus vraiment documentaire que celle du roman contemporain, lequel aura grand'peine, je crois, à justifier, devant la postérité, ses prétentions scientifiques. C'est, en vertu de cette habitude, que je me suis récemment passionné pour les discussions dont les théories médicales du docteur Luiz viennent d'être l'objet. On sait que cet éminent docteur soutient que, sur des sujets hypnotisés, les remèdes peuvent agir à distance et sans être ingérés par l'estomac. Séduisante perspective ! La saveur de l'huile de ricin remplacée par un rêve et également efficace. Oui, messieurs, et vous voyez les farces excellentes qui se peuvent faire maintenant dans un salon. On y purge un quidam sans qu'il s'en doute, après une lecture suffisamment prolongée d'un article de Brunetières. Et la médecine légale donc ! Voyez-vous le bel état où la met cette découverte ! Allez donc retrouver l'arsenic dans les entrailles d'une victime qui en a seulement entendu parler ! Il ne reste plus qu'à briser le classique appareil de Marsch et à faire des excuses à la mémoire de madame Lafarge. C'est une révolution dans les procédés de la justice. Puisse-t-elle les rendre plus brefs ! Mais vous pensez bien que la routine scientifique et la routine judiciaire regimbent furieusement. M. Luiz vient de soumettre encore de nouvelles expériences à ses confrères. Mais ceux-ci les ont, pour la plupart, ardemment contestées. Quelques-uns même l'ont pris sur le mode plaisant et se sont permis d'en faire des gorges chaudes. Prenez garde, mes petits Diafoirus ! Si nous nous mettons à rire de la médecine, nous n'aurons pas fini de sitôt. Il ne nous reste plus qu'à ressusciter Molière, et je ne m'en plaindrais pas, dussions-nous tout de même conserver M. Sardou, qui ne lui fait aucun tort. Croyez-moi, laissez vos fructueuses billevesées mijoter et se conserver dans le sérieux, comme dans une bienfaisante saumure. Cette marinade, dans l'ennui et la gravité, est absolument nécessaire aux produits défraîchis que vous mettez au service de la santé publique. Ne vous moquez pas les uns des autres, ou le temps viendrait vite où tout le monde se moquerait de vous.

II

Ce douteux accueil fait, par la science officielle, aux révélations dont je parlais tout à l'heure n'empêche pas leur auteur d'avoir de fervents adeptes en province. Dans une grande ville départementale que je ne nommerai pas, mais que devineront ceux qui savent où je fréquente, un des plus zélés de ces propagateurs de la bonne nouvelle est certainement le docteur Rothenflutte, qui n'est pas d'ailleurs un praticien sans mérite et qui est, en tous cas, un chercheur absolument convaincu. Plusieurs fois par semaine, il réunit le soir, dans son modeste salon, des confrères et des curieux devant lesquels il opère. Rien de plus simple que le décor. Une estrade à peine élevée et une chaise le long de la paroi faisant face à une porte latérale donnant sur le reste de l'appartement. Les chaises des spectateurs tournent leur dossier à cet huis et le patient seul leur fait face. Des bougies placées sur la cheminée, sur la table et sur le piano, complètent cette mise en scène qui n'est pas pour en imposer à l'imagination. La seule difficulté est de trouver des sujets qui ne soient pas farceurs. Car il y a d'irrespectueuses personnes qui, surtout dans cet ordre de travaux, portent tout à la mystification. Notre Rothenflutte se donne un mal considérable pour recruter un personnel indispensable cependant à ses expériences. Il se méfie justement de ceux qui acceptent un salaire et encore plus de ceux qui le refusent. C'est, à vrai dire, le plus grand embarras qu'il rencontre à son ardeur de convertir.

Il fut donc absolument ravi, la semaine dernière, quand le jeune Bénédict, petit clerc authentique dans l'étude de maître Calestroupat, avoué véridique, s'en vint lui proposer de se laisser endormir et intoxiquer par lui, en séance quasi-publique. Un gentil garçon, ce Bénédict, visage un peu pâle, avec des yeux à la fois rêveurs et ardents, toutes les promesses en un mot, d'un sujet idoine aux manifestations magnétiques. Mélancolique et nerveux, passant vite du sourire aux larmes et très moqué de ses camarades parce qu'il faisait des vers.

Une soirée scientifique fut immédiatement annoncée pour le lendemain.

III

Mais, me direz-vous, que faisait Madame Rothenflutte pendant que son mari s'acharnait à faire une sinécure de l'office du docteur Bergeron, à la grande joie des empoisonneurs qui aiment, particulièrement en province, à hériter? Ah! ah! vous avez deviné, mes compères, qu'il y avait une Madame Rothenflutte! Voilà qui fait honneur à votre sagacité. Et une jolie encore! Brune de cheveux avec une peau ambrée et veloutée comme une pêche de Montauban, des yeux noirs comme on n'en voit guère qu'au versant des Pyrénées, une bouche qui, en s'entr'ouvrant, eût rendu jaloux les pépins d'une grenade déchirée, que sais-je encore! Et si, parbleu! je sais bien. Puisque vous l'avez si ingénieusement pressenti, vous avez deviné encore qu'elle possède une gorge qui fait maudire le sevrage, de belles épaules s'inclinant vers un double sillon duveté, comme les collines natales, des hanches dont les deux bras d'un amoureux feraient malaisément le tour et que tout son corps lumineux n'est qu'un rayonnement de chair radieuse autour de ce que nos aïeux nommaient, avec une pudeur exquise, le temple de l'amour. Ah! morbleu! je m'en voudrais, au point où j'en suis, de vous cacher quelque chose. Eh bien! le petit Bénédict l'avait vue à la messe — il était même allé tous les dimanches à la messe pour elle — et ses dix-huit ans lui dansaient au cœur une sarabande printanière, dans l'étude crasseuse de son patron, où, parmi la poudre nauséabonde des dossiers, voletaient, au soleil, comme des libellules prisonnières, ses rêves épris, ses désirs fous d'adolescent. Un nouveau Fortunio alors? Certainement, et dont la Jacqueline n'était pas moins charmante que celle de Musset, pour n'être pas la légitime épouse de Calestroupat.. Et c'était dans l'espoir insensé de se rapprocher d'elle que ce basochien sans vocation était venu s'offrir aux expériences de M. Rothenflutte, dont il se fichait d'ailleurs absolument, n'ayant que son amour en tête, son radieux amour de gamin qui ne sait pas la vie.

Jacqueline... non ! Madame Rothenflutte assistait-elle donc à ces séances mémorables? Pas si bête ! Elle avait déclaré à son mari que tout cela l'impressionnait affreusement et la rendait malade. Elle allait dans le monde pendant ce temps-là, dans le monde qu'elle aimait beaucoup. Ce soir-là, cependant (niez donc qu'il y ait un dieu pour les amoureux !) comme elle avait eu la migraine, elle avait dit qu'elle se coucherait de bonne heure. Elle était même en peignoir et en peignoir largement ouvert, quand un sentiment de curiosité vague la conduisit jusqu'à la porte qui donnait sur le salon où opérait le docteur et lui en fit soulever la portière. Impunément, n'est-ce pas ? puisque les spectateurs lui tournaient le dos et que le sujet qui, seul, était endormi, aurait pu la voir. Voilà qui est essentiel à dire pour défendre la pudeur de cette honnête dame.

IV

Droits comme des flèches criblant précisémen cette porte, les regards du jeune Bénédict jusque-là immobiles et ternes, sans vibration et sans vie, s'enflamment tout à coup. Un double éclair s'allume dans ses yeux fixes, qui prennent un éclat de métal tout en s'humectant, durant que notre Rothenflutte lui promène sur la nuque un tube mystérieux :

— Que voyez-vous ? demande l'opérateur au patient.

— D'admirables épaules de femme toutes blanches, et qui sont comme une neige vivante se dégageant du brouillard dans un grand scintillement de soleil.

— Extase amoureuse ! murmura Rothenflutte d'un air capable, et il continua son interrogatoire.

— Que voyez-vous encore ?

— Des lèvres qui sourient et à qui volent mes lèvres, de petites dents dont je voudrais être mordu jusqu'au sang, des yeux qui m'attirent et qui me brûlent, un coin de sein dont le bout doit sentir la fraise, de beaux flancs enfermés sous l'étoffe transparente et que je voudrais habiller de baisers...

— Ta ! ta ! ta ! mon gaillard !

Et M. Rothenflutte, triomphant, reprenait : Extase amoureuse ! Appétition violente de la femme ! Désirs sensuels ! Grande soif de génésique volupté.

— Et que sentez-vous ! poursuivit-il dogmatiquement.

— Une douleur affreuse au cœur, mais qui me fait du bien ; une oppression singulière, cruelle et délicieuse de tout mon être ; un charme impérieux qui m'attire aux pieds de celle que je vois ; une envie folle de mourir pour elle ; un épanouissement étrange de tous mes sentiments montant vers elle comme l'âme de fleurs qu'on effeuille.

— Est-ce assez clair ? Est-ce assez cela ? fit joyeusement Rothenflutte. Approchez, messieurs, approchez !

Un cercle plus étroit se fit autour du jeune Bénédict. Les têtes se penchèrent ; elles se relevèrent rapidement et quelques sourires furent échangés.

— C'est incontestable, n'est-ce pas? acheva Rothenflutte. — C'est merveilleux ! dit un vieux avec envie. — Eh bien ! poursuivit le docteur, maintenant, je parie, messieurs, que ce tube que je n'ai pas plus regardé que vous, en soumettant le sujet à votre appréciation, contient de la poudre d'ailes de cantharides.

Et, en effet, le tube, passé aux curieux, était comme rempli d'une poussière d'émeraude.

Un murmure approbatif salua cette constatation.

— Je vais maintenant réveiller le sujet et vous prier de lui laisser prendre un peu de repos durant que je vous reconduirai jusqu'à mon seuil.

La portière était retombée et le jeune Bénédict, à qui Rothenflutte soufflait furieusement au visage, sembla sortir d'un rêve.

— Reposez-vous, mon ami, lui dit le docteur.

V

Un instant après, le petit Bénédict, profitant du départ général et ayant franchi comme un fou la porte latérale, était aux pieds de Madame Rothenflutte, toujours en peignoir, et lui mangeait les bras et les hanches de brûlantes caresses.

Et pendant ce temps-là, devant sa porte, le docteur ravi disait à ses invités :

— Ah ! mes amis, je n'ai jamais si bien réussi. Que je suis content !

. . . .

Voulez-vous que je vous dise, mes compères ? Eh bien ! il y a longtemps que le poison qui agit à distance et nous tue, sans que nous ayons à le boire, est trouvé. Il est dans deux yeux qui vous regardent, sur une bouche qui vous sourit de loin, dans un parfum qu'une robe traîne après elle.

Heureux ceux qui meurent d'amour !

OH! JOHN!

OH! JOHN!

I

J'avais fait en règle le siège du compartiment que je souhaitais occuper seul. Après avoir bourré consciencieusement les quatre coins avec des objets m'appartenant pour faire croire que quatre voyageurs, déjà y avaient élu domicile, je faisais sentinelle sur le marchepied, comme un homme qui attend des compagnons de route. Et, ma foi, l'heure du départ approchait, et je n'avais qu'à m'applaudir de ma stratégie. Le compartiment qui précédait le mien portait la plaque « réservé » et était également vide. Au dernier coup de cloche, j'y vis accourir une famille nombreuse dont tous les membres étaient comme ensevelis dans d'immenses cache-poussière de même nuance, une façon d'uniforme porté par des gens de tous les sexes et de toutes les tailles. Il y avait là un lot de vieux messieurs, de vieilles dames et de demoiselles, neuf en tout, en comptant un godelureau de vingt-cinq ans peut-être, imberbe et traînant un énorme sac de nuit. Impossible d'engloutir neuf personnes dans l'étroite boîte. Le godelureau fut invité à se caser ailleurs, le plus près possible. Et v'lan ! il n'hésita pas à grimper dans la place que j'avais si vaillamment défendue.

Ce que je l'envoyais à tous les diables !

Tous ces gens-là parlaient un baragouin abominable. Lequel ? Ah ! c'est que je ne suis pas un raffiné en langues étrangères. Je ne connais que deux langues, moi, en dehors de la latine et de la grecque, le français que j'adore, parce qu'il en vient, et l'étranger que j'abomine. Je n'en suis pas à distinguer si c'est de l'espagnol ou du russe. Je me bouche moralement les oreilles et j'évite de mon mieux le bruit insupportable que font ces mots qu'on ne comprend pas.

Mais, comme les envahisseurs m'avaient été particulièrement désagréables, en me fourrant dans les jambes leurs excédent, j'en avais conclu qu'ils étaient Allemands, et je m'étais confirmé dans cette opinion en regardant la longueur de leurs pieds.

— Attends un peu, pensai-je en regardant en dessous mon camarade de nuit, tu vas avoir de l'agrément !

II

Et je commençai à son endroit une série de procédés désagréables. Je le fourrai dans un courant d'air, mais il parut s'y trouver bien. Alors, je fermais toutes les croisées. J'allumais sous son nez un détestable cigare que je n'avais pas eu peine à trouver dans les produits français. Il s'autorisa de cette impolitesse pour incendier une pipe qui empoisonnait. Je ne lui épargnai aucune des indiscrétions d'une digestion que ma colère avait interrompue et rendue difficile. Il me parut tout à fait à l'épreuve du canon. Je me coiffai d'un foulard qui me rend abominable, pour lui donner un spectacle déplaisant. Mais il me regarda sans horreur et avec un bon sourire.

Et je me demandai comment lui exprimer ma haine et mes instincts de revanche.

D'abord, à quel titre appartenait-il au groupe qui s'était débarrassé de lui à mon détriment?

Un peu d'observation me le fit comprendre bientôt. Il était certainement le fiancé d'une des demoiselles qui étaient de l'autre côté de la cloison. Par malice, sans doute, celle-ci l'avait volontairement exilé, ou la famille avait redouté qu'il profitât de quelque tunnel pour trop avancer ses affaires. Comment j'arrivai à cette découverte? Oh bien simplement ! Il faisait une rude chaleur pendant cette belle nuit d'août qu'éclairait largement la pleine lune. On ne dormait donc ni d'un côté ni de l'autre et comme j'avais dû moi-même, rouvrir les fenêtres pour ne par étouffer personnellement, une conversation s'engagea, de compartiment à compartiment entre le proscrit et ses compatriotes. Ce fut un échange de charabia dont je pus cependant saisir les nuances et qui me convainquit que j'avais affaire à deux amoureux pour le bon motif. Car le garçon me paraissait incapable d'être un mauvais sujet et je ne l'en méprisais que davantage.

III

Bientôt ce ne fut plus seulement des mots qu'on échangea. Ces gredins étaient tous munis de comestibles. Mon compagnon avait, pour sa part, au fond de sa sacoche, un jambon dont il commença à découper délicatement les tranches qu'il passait ensuite à ses complices, en se penchant à la portière dans le sens inverse de celui de la marche du train qui nous emportait dans un grand fracas de vapeur balayant la verdure des talus. Lui-même s'en appliquait de fort jolis morceaux, si bien qu'il commençait à tirer une langue haletante, quand une petite main tendue, celle-là dans le sens du mouvement, lui offrit un verre à demi-plein d'un liquide doré. La donatrice y avait-elle bu la première et en avait-elle prévenu l'objet de sa pitié? Toujours est-il que celui-ci baisa, avec une dévotion que je trouvais comique, la place qu'une buée légère marquait au rebord du cristal. Notez que j'eusse trouvé cela absolument charmant entre amants de ma race et que, pour ma part, j'ai cent fois goûté de véritables délices dans un pareil enfantillage. Mais des Teutons! De simples Germains! Pouah! Je sentis que mon cœur se levait. Mais maintenant, j'étais sûr de ne m'être pas trompé et j'admirai la certitude de mes diagnostics en voyage. Hein! Deviner le langage des gens sans connaître un mot de l'idiome qu'ils parlent! Pénétrer le mystère d'une pantomime que d'autres ne comprennent qu'avec la musique des paroles! Et M. le ministre de l'instruction publique, grand partisan de l'étude des langues vivantes, voudrait priver les ignorants de ma sorte de ce magnifique exercice, de cette gymnastique prodigieuse de l'esprit? Les langues mortes à la bonne heure! Je les apprends parce que je suis sûr qu'on ne les parle plus. Mais quand les bienfaits de la Providence vous ont fait naître avec un délicieux petit accent toulousain, risquer de le compromettre en s'exerçant à des prononciations contre nature! C'est une bêtise et c'est un crime! Et puis, vous voyez bien que cela n'est pas du tout nécessaire pour s'entendre entre peuples différents, puisque j'en savais autant sur ce qui m'intéressait, que si j'eusse mâché de l'allemand toute ma vie, ce qui m'eût certainement cassé les dents.

IV

O tristes amoureux dont ni les bords de la Seine, ni les rives de la Garonne n'ont bercé la rêverie ! Repu de charcuterie, désaltéré par une demi-verre de cognac, mon godelureau ne songeait plus qu'au bien-être imbécile du sommeil. Au lieu de regarder une étoile avec des larmes dans les yeux, en songeant que d'autres yeux suivaient peut-être la même route et rencontreraient les siens en plein azur, dans l'immortelle lumière des âmes, ce grossier jeune homme, ce fiancé sans poésie, retourna un coussin de la voiture du côté le plus frais, le transforma en une façon de matelas se faisant traversin à lui-même, se coucha voluptueusement dessus et commença de ronfler comme un sonneur qui, ayant perdu ses cloches, appelle les fidèles à matines avec son nez. Et je pensai, indigné :

— C'est ainsi que ce goujat de Faust s'enivrait, durant la nuit constellée, du souvenir de cette péronelle de Marguerite et l'évoquait, en rêve, par de sonores ronflements ! Je n'avais pas mangé de jambon, moi, ni dégusté d'Armagnac. Mais, avant de quitter Paris, j'avais mis en fût, dans ma cave individuelle, quelques verres de cette bonne bière française qu'on recherchera bientôt à Francfort. Car, qu'on en convienne ou non, à Munich, nous sommes en train de devenir les premiers brasseurs du monde.

— Tudieu ! pensai-je, il serait grand temps de mettre ce tonnelet en bouteilles par la fenêtre, puisqu'aucune station prochaine ne m'offre son entrepôt pour cette opération.

Et, bravement, puisque mon soul compagnon de route dormait, je me mis en mesure de mettre en perce le fût par la portière, comme chacun s'y résout en pareil cas.

Mais j'avais compté sans le mouvement rapide du train qui dispersait les libéralités de ce genre aux croisées du compartiment immédiatement placé avant le mien. Je n'eus pas plutôt tourné le robinet que des cris retentirent dans celui-ci. La future famille de mon godelureau croyait à un nouveau déluge et recommandait à Dieu ses âmes. Et une voix pleine de reproches, une voix doucement amère, celle de la fiancée du ronfleur, murmurait avec une indignation pleine de tendresse :

— Oh ! John !
— John !

C'était pour moi un trait de lumière. C'est par delà la Manche et non par delà le Rhin, qu'on s'appelle : John !

Celui que que j'avais pris pour un Allemand, n'était qu'un Anglais.

Un grand remords me prit de ma méprise cruelle. Pensant que mon incontinence pouvait faire peser une injuste accusation sur un innocent insulaire et que peut-être le mariage de ce malheureux allait manquer pour cela, avec la franchise et l'honnêteté qui me caractérisent, je me penchai vers mes voisins en criant de toutes mes forces :

— Miss ! c'est moi !

Mais la petite voix répétait : Oh ! John !

Et la grosse voix des grands parents ajoutait : Shocking ! shocking !

LA BELLE TEINTURIÈRE

LA BELLE TEINTURIÈRE

I

Tous ceux qui se flattent d'avoir fréquenté la noblesse ont connu le comte Éole de Soissons, qui porte de panaché sur gueule d'or, avec cette fière devise : « *Fecit per sidera prout-prout* », petit-fils d'Onésime-Dominique Lenflé de Soissons, porte-éventail de Marie-Antoinette, homme d'esprit d'ailleurs et auteur de ce fabliau sur les origines de sa propre maison :

> Lorsque Dieu créa toutes choses,
> A chacun il fit la leçon :
> Soyez parfum, dit-il aux roses,
> Il dit au haricot : Sois son !

Mais ce que presque personne ne sait encore, parce qu'on ne conte pas volontiers ses mésaventures dans cette noble maison, et ce que je vais vous apprendre, rompant avec mes habitudes légendaires de discrétion, c'est que ce tant précieux gentilhomme va être traduit comme un simple manant en police correctionnelle, sous la prévention d'adultère et pour avoir fait cocu le teinturier Thomas Pétenouille. Pas intéressant, cependant, ce teinturier. Toute sa gloire est d'avoir inventé un vert qu'il appelle modestement le vert Pétenouille et qui ferait hurler, par sa crudité abominable, jusqu'aux pauvres arbres de la nature, si le ciel eût donné à ceux-ci une autre voix que celle des oiseaux perdus dans leur feuillage.

Madame Pétenouille, c'est autre chose. Très intéressante, bien qu'elle n'ait rien inventé du tout, mais c'est une de ces personnes, élues du dieu Séant, dont j'ai si souvent aimé à reproduire ici l'abondante image. Outre qu'elle est jolie comme un ange, brune comme une grappe de Médoc, aimablement duvetée comme une pêche de Montauban, elle est assise, non pas sur un rêve, mais sur les plus dures réalités. Elle appartient à la race de ces petites filles d'Atlas qui, au lieu de porter bêtement la mappemonde sur leurs épaules, comme leur stupide aïeul, en ont fait un superbe coussin à leurs belles hanches lassées. Enfin, elle possédait sous sa cotte de quoi distraire indéfiniment le plus désœuvré des amoureux, et il faut qu'un homme soit bigrement idiot pour consacrer ses doigts à broyer des couleurs quand il a sous la main un pareil jeu de boules. On l'appelait la matrone d'Ephesse dans tout Champignol-en-Vexin, dont elle était, sans aucun doute, le plus bel ornement.

II

Ledit comte Eole de Soissons, en quittant pour quelques jours son castel, en avait confié la garde à son fidèle intendant, l'Ecossais Crokwesfreett dont il avait voulu reconnaître l'hospitalité, dans son propre pays, en le prenant à ses gages. Ce Crokwesfreett était donc une façon de sous-Eole, commandant en maître dans la maison quand le véritable maître était absent. C'était une brave ganache, n'ayant qu'une passion et une passion innocente : celle de mettre en couleur tout ce qui lui tombait sous la main. Vocation de peintre manqué sans doute. Ce n'est pas lui qui aurait mis trois ans à peindre les murs et le plafond de la Chapelle-Sixtine, comme ce fainéant de Michel-Ange. Donc, durant que le comte courait la pretentaine à Paris, au dire des mauvaises langues, — j'appelle ainsi toutes celles qui passent leur temps à parler — notre doux Crokwesfreett consacrait ses loisirs à revêtir de vert Pétenouille les cloisons d'une des moindres pièces du château.

Je suis fort embarrassé pour vous dire honnêtement l'emploi de cette pièce. Mettons que c'est le temple où le parfum de l'encens est remplacé par celui de la lavande, et la musique sacrée des hymnes par les pétarades des fidèles; vous ai-je suffisamment bouté le nez dessus ? Marquise, quelques grains encore de ce bon tabac d'Espagne! Mais cette fois-ci, ne gardez pas ma tabatière; je vous jure qu'elle n'est pas enrichie de diamants.

Très ingénieux, l'intendant-peintre avait installé la terrine, contenant sa couleur, dans le monocle monté en bois et sans verre qu'on trouve toujours dans cette boutique d'opticien. Le vase s'y emboîtait à merveille, de façon à y être maintenu par son rebord extérieur.

Quand le soir vint, il restait encore tout un panneau à peindre, et notre homme, se disant que personne ne viendrait troubler la solitude de son œuvre, puisque M. le comte était absent, se retira, laissant sa palette où il l'avait posée toute la journée et s'en fut au bord de l'étang pour apprendre aux crapauds à siffler, ce qui était encore une de ses paisibles manies.

III

> Mon beau page, quel bruit résonne?
> Est-ce lui qui sonne du cor...?

comme dit la divine chanson de Théophile Gautier. Et de fait. C'est bien le cor qui sonne à la porte du château et c'est bien Lui que le cor annonce. Lui! l'authentique comte Eole de Soissons (c'est le cas d'ajouter ou jamais : et d'autres lieux). Au galop de ses quatre chevaux qu'enveloppe une cinglée sonore de fouet, il revient à l'improviste, mais il ne revient pas seul. Une femme emmitouflée l'accompagne, et terriblement emmitouflée, mais pas au point cependant qu'on ne devine, sous le mensonge des voiles épais, la silhouette générale de sa personne. Imaginez une amphore antique, à la panse largement développée. Vous avez deviné tout de suite la belle madame Pétenouille. Eh bien! oui, la copieuse teinturière dont le comte avait fait la connaissance à Paris où son mari la croyait en visite pour une semaine chez sa cousine, la veuve Péri née Ronflant, pur mensonge! La gloire de Champignol-en-Vexin était tout simplement allée faire un brin de noce dans l'enceinte des fortifications. Comme elle devait rentrer chez elle le lendemain et que la petite ville était voisine de la citadelle du comte Eole, elle avait consenti à faire ce crochet avant de réintégrer ses lares où son mari broyait, non plus du vert, mais du noir, parce que de méchants voisins lui avaient mis la puce à l'oreille.

Il me répugnera toujours de décrire, par le menu, un adultère. C'est presque toujours le même programme, comme le menu des tables d'hôte. Le couvert mis rapidement et quelques vins généreux pour donner des forces. Puis le lit impatiemment ouvert et... Que vos souvenirs vous disent le reste! Dans la grande salle éclairée par quatre torchères, en face du portrait du vénérable Onésime-Dominique, à la

9.

place même où l'aïeul avait coutume d'exécuter, après chaque repas, sa grande marche soissonnaise, le comte Éole offrit, à sa nouvelle bonne amie, un souper improvisé dont la pièce principale fut un magnifique melon que le fidèle Crokwesfreett avait été arracher à sa couche.

Puis, dans la chambre antique, aux tentures armoriées où le même ancêtre Onésime-Dominique terminait, entre les draps, son chant national par une canonnade nocturne, le comte introduisit sa conquête et, si vous le voulez bien, nous laisserons se refermer sur eux les rideaux de l'alcôve, surmontée de l'écusson seigneurial.

IV

Qui dira du melon les vengeances cruelles ?

En voilà un comestible rancunier ! A la clarté blanche des étoiles dont les yeux d'argent clignotent à travers les vitraux sombres du castel, l'amante s'est subitement enfuie des bras de l'amant. Sans prendre le temps seulement d'éclairer les chandelles, comme on disait autrefois au théâtre, elle s'est précipitée dans la chapelle dont Crokwesfreett avait entrepris la décoration, et, sans regarder derrière elle, sans profiter du rayon qu'une lune, compatissante pour sa sœur, projetait en ce moment dans la pièce, elle s'est assise en plein dans la terrine de vert que l'artiste avait imprudemment laissée sur son chemin. Mais tel est son émoi, qu'elle ne s'en aperçoit même pas. Fi! madame, dans le vert de votre mari! Allégée de son angoisse, elle a déjà regagné la couche où l'attend l'amour et s'y laisse choir à côté du comte, délicieusement lassée.

— Pan! pan! Au nom de la loi, ouvrez!
— Ouvrez, madame.
— Ciel! la voix de mon mari.
— Rassurez-vous, madame, dit tranquillement le comte Eole, cet antique manoir a été construit par les Médicis, et je sais une cachette où votre mari ne vous trouvera pas.

Un instant après, en effet, la belle teinturière avait disparu par un escalier mystérieux et le comte ouvrait paisiblement la porte à la justice en se plaignant qu'on eût troublé son sommeil. Encore ces méchants voisins qui avaient donné au pauvre Pétenouille la fâcheuse idée de faire suivre sa femme! La corde serait trop bonne pour de pareils voisins!

— Ma femme est ici! fit le teinturier furieux.
— Vous vous trompez, monsieur, répliqua Eole, toujours calme comme Baptiste.

On fouilla la chambre dans tous les sens, on souleva les portières, on sonda les murs : rien, rien, rien.

— Ouvrez le lit, conclut le commissaire.

Les couvertures furent vivement rejetées et l'on vit alors un singulier spectacle.

Le séant de madame Pétenouille avait laissé sur le drap une façon d'énorme cœur, d'un vert sombre.

— Mon vert, c'est mon vert! exclama le mari triomphant.

— Quel que soit le désir qu'ait madame votre épouse de vous faire une réclame, lui dit le comte Eole toujours imperturbable, vous ne ferez jamais accroire à personne, monsieur, qu'elle ne sorte qu'en emportant un échantillon de vos produits sur son derrière.

Les agents se mirent à rire. C'était tapé. Le pauvre Pétenouille confus ne savait plus que dire.

Mais le commissaire était un magistrat incrédule.

— Avez-vous un mètre ici? demanda-t-il au comte.

Le comte Eole appela Crokwesfreett, qui apporta immédiatement l'objet demandé.

Alors, toujours sérieux comme un rédacteur de la *Revue des Deux-Mondes*, le commissaire prit minutieusement la mesure de l'image dans sa plus grande largeur, et l'inscrivit sur ses tablettes.

V

Ce commissaire était décidément un homme rusé. Pour une affaire ou pour une autre, il manda successivement en son cabinet toutes les dames et demoiselles de Champignol-en-Vexin. Et, très subtilement, en les engageant à se baisser pour regarder à la loupe une pierrerie qu'il prétendait avoir été trouvée sur la voie publique et appartenir à l'une d'elles, il mesura, par derrière, leur envergure postérieure, sans qu'elles y prissent garde; seulement, pas une n'arrivait aux deux tiers du métrage qu'il avait relevé dans le lit du comte. Très naïvement, madame Pétenouille, qui était rentrée sans encombre au domicile conjugal, vint à son tour se soumettre à l'épreuve.

Le métrage lui allait comme un gant... non, comme une culotte.

— Je vous arrête, madame, dit le commissaire.

Et voilà sur quelles bases — c'est le mot — se plaidera dans quelques jours cette étonnante affaire.

Ne vous désolez pas, belle madame Pétenouille, vos huit jours de prison passeront, mais la pièce à conviction qui vous a perdue restera; et c'est, croyez-le bien, pour une honnête femme, l'essentiel dans la vie.

PETITS BOURGEOIS

PETITS BOURGEOIS

I

Une maison banale de la Cité, presque aussi banale que les riches hôtels de la rue de Rivoli, avec la fantaisie en plus d'un vieil écusson sculpté au-dessus de la porte basse et de modestes jardins lançant leurs capucines d'une fenêtre à l'autre, comme les étoiles d'un feu d'artifice. De petits commerçants au rez-de-chaussée, de petits rentiers au premier, de petits employés au second et au troisième, et, au-dessus, le plus petit monde encore qui, comme dit Rabelais, gagne cahin-caha sa pauvre et chétive vie. Quelque chose de mélancolique et d'austère et de déplorablement vertueux, l'ennui et le labeur pénible suant aux murailles, une retraite enfin pour un philosophe parfaitement dégoûté de la vie, et, à deux pas, au bout de la rue étroite, la Seine passant toute grande, avec l'image joyeuse des quais dans ses eaux.

Vous croyez peut-être qu'aucune passion n'habitait ce séjour morne? La preuve du contraire, c'est que M. Millepertuis, en y rentrant pour déjeuner, dit brusquement à sa femme Anaïs et à son ami Aristide Fessart qui l'attendaient en grignotant des radis :

— Je viens de coller une belle paire de gifles à votre monsieur Timoléon Ledoux.

Anaïs devint toute tremblante. Son mari reprit :

— Tu n'as pas à t'en émouvoir, ma chérie. Ce n'est pas ta faute si, depuis trois mois qu'il habite la maison, ce bureaucrate ridicule, ce pelé du fessier, te compromet dans tout le quartier en te regardant impertinemment dans les escaliers et dans la rue. Je ne suis pas un Sganarelle, moi, et je n'entends pas qu'on plaisante avec mon honneur..

— Tu as joliment bien fait, dit Aristide Fessier, ce sont des façons qui ne nous peuvent convenir, ni à l'un, ni à l'autre. Il y a longtemps que j'aurais moi-même châtié ce drôle si je n'avais craint que cela ne fût pris en mauvaise part par les imbéciles. Qu'a-t-il répondu à ta paire de soufflets?

— Qu'il savait ce qu'il avait à faire?

— Lâche coquin !

— Mon ami, votre fricandeau va être froid, fit doucement Anaïs, pour couper court à cet entretien.

Huit jours après, notre doux Millepertuis recevait une belle et bonne assignation en police correctionnelle, sous la prévention de coups et blessures. Le plaignant était ce pleutre de Timoléon Ledoux.

II

L'affaire se plaida sans grand éclat d'ailleurs. M. le substitut requit contre Millepertuis toutes les sévérités de la loi, invoquant le caractère particulièrement inoffensif du giflé dont ses camarades faisaient un souffre-douleur jusque dans son bureau. En vain Aristide-Fessard, cité comme témoin à la requête de son ami, avait déployé des foudres d'éloquence. Il avait défendu la vertu de madame Millepertuis avec une chaleur dont tout l'auditoire avait été ému, et décrit, avec une réelle habileté de dramaturge, les manèges obscurs et sournois du séducteur attaché à la perte de sa victime. Rien n'y fit. Une amende, une indemnité et trois jours de prison furent prononcés contre le malheureux mari. Timoléon Ledoux en fut tellement ravi qu'il alla prendre au café voisin un soda à la groseille, ce qui était chez lui le signe d'une joie désordonnée.

— Merci, mon vieux, fit Millepertuis à Aristide en lui serrant la main à la broyer.

— Trois jours sont bien vite passés, répondit philosophiquement l'ami.

— Six jours, hasarda timidement le condamné.
— Mais non! trois! riposta Aristide.
— J'avais cru entendre six.

Et, se rapprochant de son compagnon comme pour une confidence, Millepertuis poursuivit :

— Ecoute, Aristide, tu pourrais me rendre encore un second service. Ma femme, qui est trop nerveuse pour assister à ce spectacle-là, n'etait pas à l'audience. Elle ne lit pas les journaux. Tu serais bien gentil de lui dire que j'ai été condamné à six jours.

Fessart le regarda avec un sourire étonné et joyeux, tout ensemble.

— Avec plaisir.

Alors, se penchant tout à fait à son oreille, Millepertuis lui livra tout entier le secret de son désir. Il avait toujours souhaité de voir Fontainebleau, et jamais sa femme, qui était horriblement économe, ne lui avait permis cette fantaisie. C'était une occasion inespérée. Trois jours pleins : trois jours de liberté! Il visiterait le palais de nos rois, parcourrait la forêt et donnerait à manger aux carpes. Le rossard n'ajoutait pas qu'il avait une petite bonne amie dont il comptait s'offrir la société pendant cette courte villégiature. Quoi! infidèle et jaloux! Mon Dieu! oui, et cela est le plus souvent ainsi. Mais c'est absurde! Avec cela que l'humanité en est à compter encore avec la logique.

Quand il rentra chez lui, soutenu par le généreux Fessart, et qu'il eut annoncé la déplorable nouvelle, madame Maupertuis feignit se trouver mal.

— Six jours, s'écriait-elle, six jours et six nuits! j'en mourrai!

Et notez qu'*in petto* elle riait comme une petite bossue.

III

Le délai accordé par la loi au condamné pour se constituer prisonnier expirait le soir même. Millepertuis inonda sa femme de larmes hypocrites; puis, prenant sincèrement, cette fois, les deux mains d'Aristide dans les siennes :

— Jure-moi, fit-il, que tu feras bonne garde ici pendant toute la durée de mon absence et que tu surveilleras, nuit et jour, cet infâme Ledoux qui rêve, peut-être, une vengeance plus douce que celle dont l'a gratifié la justice.

— Je te le jure, répondit Timoléon, qui, lui aussi, était absolument sincère.

La première pensée de M. Millepertuis et, hâtons-nous de l'ajouter, la plus sage, avait été de se débarrasser tout de suite de sa prison pour jouir après, la conscience libre, de ses trois jours de liberté. Sa mauvaise chance lui fit rencontrer, dans un café où il avait été chercher du courage, un ancien camarade, vaguement repris de justice, qui lui dit :

— Tu as bien le temps, on ne vous arrête pas comme ça, tout de suite; commence donc par t'amuser. On ne sait ni qui vit, ni qui meurt. Vois-tu que tu crèves avant d'avoir été à Fontainebleau!

La justesse de ce raisonnement frappa M. Millepertuis.

— Je ferai ma prison au retour, se dit-il à lui-même.

Et, s'en allant, incontinent qu'il était, chez sa bonne amie, il prit le soir même avec elle le train à la gare de Lyon. Leur voyage fut le plus charmant du monde. On était en automne et la forêt avait son magnifique manteau de fourrure fauve, pareille à une reine frileuse qui fuit devant l'approche de l'hiver. La poésie des déclins l'emplissait tout entière : gémissements des feuilles sèches qui courent éperdues sur les chemins, dernières chansons des oiseaux, parfums des dernières fleurs, tiédeurs alanguies des soleils glissant leurs ondes pâles à travers les rameaux desséchés. Ici les pins avaient déjà, dans la brise du soir, de vagues mugissements d'orgue ; là, les ronces mêlaient leurs tiges rousses s'effilochant comme une étoffe déchirée ; le velours des mousses sur les rochers s'était teint vaguement de pourpre. Un frisson ridait la transparence des eaux. Tout cela était admirable vraiment et, de vous à moi, un décor vraiment trop beau pour les bourgeoises oaristis de ces ridicules amants. L'homme a le triste privilège d'être, seul, quelquefois grotesque dans la nature.

S'ils comprirent peu de chose à l'enchantement qui les entourait, s'ils goûtèrent médiocrement ces splendeurs, ils n'en éprouvèrent pas moins le summum de bien-être sensuel que comportait la médiocrité de leur état.

IV

Ces trois jours de liesse écoulés, le cœur gros de souvenirs, M. Millepertuis se présenta au greffe de Mazas qui lui avait été assigné comme lieu de détention.

— Ah! ah! mon gaillard, fit le brigadier de service, quand il eut déclaré ses nom et prénoms, vous venez chercher ce que vous avez oublié dans votre cellule?

— Je n'aime pas les plaisanteries, monsieur, répondit sévèrement Millepertuis. Je viens me constituer prisonnier, comme c'est mon devoir, voilà tout.

— Prisonnier, vous avez donc pris goût à la cuisine? Il n'y a pas une heure que vous êtes sorti.

— Vous faites erreur, monsieur.

Et Jean-Guillaume Millepertuis répéta de nouveau ses nom et prénoms.

— C'est bien cela, continua le brigadier en riant dans sa grosse moustache, et c'est vous qui voulez faire le farceur.

Et, comme Millepertuis entamait une pantomime inquiétante, d'impatience et de colère :

— Venez avec moi, fit le militaire, en lui posant la main sur l'épaule avec autorité.

Notre homme, plus interloqué que jamais, fut conduit au greffe, devant le registre d'écrou, où force lui fut bien de constater qu'il venait d'être mis en liberté un instant auparavant. Sa tête se perdait en mille conjectures. Qui donc avait pu prendre sa place et lui voler son nom, pour en faire un tel emploi ?

— Dites donc, mon compère, reprit le brigadier qui décidément était causeur, vous savez que vous avez failli joliment aggraver votre cas en résistant aux agents, comme vous l'avez fait, quand on est venu vous arrêter ?

Millepertuis était plus abasourdi que jamais et le bavard continua :

— Oh ! les agents m'ont tout conté : vous étiez couché avec votre femme, une jolie femme, paraît-il, tout à fait avenante et dodue ! Et elle pleurait, elle vous enlaçait de ses beaux bras nus ; elle demandait à genoux votre grâce. Dites donc, vous êtes décidément un malin, vous, vous faisiez comme tout à l'heure. Vous disiez que vous n'étiez pas vous. Mais il a bien fallu vous rendre à l'évidence. Vous vous êtes résigné très gentiment, je dois en convenir, et vous avez seulement demandé qu'on vous laissât encore un quart d'heure de tête-à-tête avec Madame pour lui faire vos derniers adieux. Les agents ont accédé de grand cœur...

— Nom de Dieu ! fit Millepertuis éclatant.

Et tandis que le brigadier riait comme un petit fou d'avoir étalé tant de science, Millepertuis se mit à songer amèrement. Impossible de se fier à personne ! Aristide violant son serment s'était absenté, et, pendant ce temps-là, l'infâme Timoléon Ledoux en était arrivé à ses fins. C'était lui qui avait fait ces trois jours de prison à sa place. Pour avoir reçu lui-même deux soufflets, c'était peut-être comique. Mais les choses n'en resteraient pas là ! Et quant à cette poule mouillée de Fessart, qui n'était pas seulement capable de défendre l'honneur d'un ami absent, il ne le reverrait de sa vie !

— Attendez-moi là un instant, lui dit le brigadier.

V

Quelques minutes après, il lui remettait un petit paquet en lui disant :

— Voilà ce que vous aviez laissé dans votre cellule.

Millepertuis déchira machinalement le papier qui enveloppait l'objet et y trouva le portefeuille qu'il avait donné à cette canaille d'Aristide Fessart, l'année précédente, pour sa fête, avec cette devise en lettres d'or : *Souvenir d'éternelle amitié.*

SOMPTUEUX RÉCIT

SOMPTUEUX RÉCIT

I

— Sous la magnificence d'un dôme flottant de hautes palmes vertes, de plumes d'autruche, de plumes de casoar et de plumes de paon, aux yeux chargés de pierreries, devant l'agenouillement de cinq cent esclaves nues dont les bras ceints d'anneaux d'or soutenaient cet ondulant et multiple panache, dans le décor féerique à l'azur sombre comme celui du lapis et de montagnes au loin étincelantes de neige, sur quatre pieds d'or massif incrustés d'émeraude, s'élève le trône royal, honneur du palais de bambous.

— Pardon, dit mon savant ami, le docteur Igitur, mais j'ai les meilleures raisons de croire que les fameux palais de bambous dont tu parles, d'après tes romanciers ordinaires, n'ont jamais existé. En effet, au point de vue des bois de construction, le bambou jouit de deux propriétés qui me semblent deux inconvénients des plus graves. D'abord il pousse en terre par simple bouture, sans racines, et tu vois d'ici les bambous de la maison se remettant à croître à la première ondée. Ton chapeau que tu avais accroché à un clou s'est élevé si haut que tu ne peux plus l'atteindre, et les rideaux de ton lit en balaient maintenant l'oreiller. Avantage peut-être pour les propriétaires qui voient leurs immeubles se surmonter spontanément de nouveaux étages, mais incommodité manifeste pour les simples locataires. De plus, le bambou est comestible. Imagines-tu une maison construite en nougat de Montélimar? Charge-toi donc d'empêcher les enfants d'en croquer les murs. Pour le coup, c'est les locataires qui sont les mieux partagés, puisqu'ils n'ont, quand ils veulent dîner chez eux, qu'à couper une tranche de leur appartement. Mais les propriétaires sont absolument sacrifiés. Tu vois donc, mon vieux, que tes palais de bambous sont des rêves.

— Aussi bien cela ne m'importe guère, lui répondis-je, et n'y eût-il rien de réel dans mon récit, je le tiendrais encore pour plus vrai que toutes les billevesées scientifiques, parce qu'il est conforme à l'immuable logique des choses de l'âme, laquelle prévaut sur les ineptes lois de la matière.

Et je continuai.

II

— S'élevait le trône, ai-je dit, le trône aux bras d'ambre, laqueté d'un superbe et résistant travail, le trône large et profond qu'avait occupé la défunte reine Kanumbotutu, celle qui avait porté si haut et si loin la gloire nomade de la tribu toujours victorieuse. Son fils, le jeune roi Bouldazor, était une façon d'Hippolyte, chaste comme un jeune éléphant, rebelle aux faciles caresses des belles filles de sa race prosternées devant la beauté de sa personne et la splendeur de son nom. Ce jobard de prince se voulait marier dans la fleur de ses années, contracter quelque noble alliance assurant encore la sécurité de ses Etats. Mais, respectueux avant tout d'une grande mémoire, il entendait que celle qui, partageant avec lui sa couronne, occuperait, à ses côtés, le siège de son auguste mère, le remplît aussi dignement de sa majesté. C'est pourquoi, dans ce but conjugal, avait-il convié les jeunes princesses royales des tribus voisines à venir subir la redoutable épreuve, et toute la contrée que fermait d'un côté la large clé d'argent de la mer, que ceignait de l'autre une chevauchée de montagnes s'escaladant dans l'azur, était traversée de caravanes escortant les héritières des noms les plus renommés et des plus fameux.

III

Très blanche, avec de jolis yeux de fauve et que la prunelle étoilée emplit tout entiers, avec une chevelure aux tons d'or mêlés, là sombres comme la rouille d'automne, ici clairs comme une coulée de miel, avec de petites dents blanches et aiguës comme celles d'un chat, la jeune princesse Garaménéné s'est avancée, précédant les présents somptueux, dans une fumée odorante de cinname et d'ambre gris, parmi l'envolée des roses que mille mains effeuillent dans l'air autour d'elle, faisant un tapis épais et parfumé à ses jolis pieds dont chaque doigt porte une bague merveilleuse. Dans la solennité de son crétinisme vertueux, uniquement vêtu d'une courte jupe d'hyacinthe, mais portant au front un véritable kohi-noor, Bouldazor lui donne la main jusqu'à la plus haute marche du trône et l'engage à s'y asseoir. La douce Garaménéné s'y installe et y place à côté d'elle un riche éventail de plumes précieuses qui s'y développe largement.

— Il suffit, dit mélancoliquement le roi, je suis décidément encore trop jeune pour me marier.

Et très gracieusement il congédia la jolie princesse aux yeux de fauve et son escorte.

— Mon maître, lui dit le grand eunuque Apapeurdetpapa, un nuage se lève à l'horizon et j'imagine qu'un autre cortège nous amène, de par delà l'étendue profonde et rousse du désert, une nouvelle fiancée.

Le grand eunuque Apapeurdetpapa, avait d'excellents yeux, — il faut bien se rattraper sur quelque chose. — Deux heures après, en effet, une troupe de cavaliers, accompagnant une façon de palanquin, s'arrêtait avec des démonstrations respectueusement pacifiques. De la litière, tout enrubannée de fleurs, sortait une rougissante créature. C'était la délicieuse, l'adorable princesse Kalchakomuni, fille du puissant scheik Ouyatonton, la terreur du pays des Lacs-Salés. Celle-là était brune et comme coiffée d'un casque luisant noir, lisse, avec de longs reflets bleus. Dans ses yeux courait une vapeur d'améthyste et sa bouche avait les plus charmantes langueurs du monde. Un sourire d'une adorable perfidie. Le roi parut extrêmement frappé de sa beauté. Il mit un genou en terre pour l'aider à descendre et l'accompagna, comme la pauvre Garaménéné, jusqu'au trône où celle-ci avait, dans son dépit, oublié son éventail. Bouldazor remarqua avec plaisir que la charmante Kalchakomuni était obligée d'écarter ce joli bouquet de plumes pour s'asseoir.

Bouldazor la regardait avec des yeux fous de tendresse.

— Princesse, comment vous trouvez-vous dans ce fauteuil? lui demanda-t-il d'une voix tremblante d'émotion.

— Tout à fait à mon aise, ô mon maître! répondit innocemment la jeune fille.

Ce fut comme une douche tombant sur la tête du roi.

— Tous mes regrets, princesse, dit-il. Mais je ne me sens pas en humeur de mariage aujourd'hui.

Et les cavaliers reprirent leur course, emportant avec eux leur jeune souveraine.

IV

— Maître, fit le grand eunuque Apadeurdetpapa, j'entends une musique lointaine et je crois pouvoir vous annoncer une troisième visite.

Le grand eunuque Apapeurdetpapa avait une ouïe d'une acuité merveilleuse. Décidément, il avait rattrapé en détail tout ce qu'on lui avait si méchamment volé. J'aimerais mieux, tout de même, être sourd et aveugle qu'à sa place. Ce vieil inutile ne se trompait pas. Une nouvelle escorte approchait, dans la lumière dorée du couchant, dans un bruissement de cymbales que fouettaient des sifflements aigus de flageolet.

La princesse Kadubontaba se présentait aux yeux lassés du langoureux Bouldazor. A peine jeta-t-il sur elle un regard de politesse. C'était une personne de taille moyenne, avec une véritable toison d'agneau noir sur le chef. Deux petits charbons flambaient sous ses paupières luisantes comme du cuivre doré. Car elle était très jaune de peau, d'un beau jaune malais, et l'on sentait que ses veines ne roulaient pas seulement la pourpre vive qui fait le sang des races blanches. Ses lèvres avaient des tons violets d'un ciel d'orage et ses dents, d'une blancheur éblouissante, semblaient, quand elle souriait, les déchirer comme un éclair. Elle avait la poitrine bombée comme si une véritable cuirasse eût soutenu les deux boules dures et couleur d'olive de ses seins. Elle parlait d'une voix aiguë, sonnant des notes de cristal.

Sans prendre la peine de se déranger, Bouldazor fit conduire au trône la nouvelle arrivée par le grand eunuque Apapeurdetpapa. A peine y fut-elle assise qu'il lui dit d'un ton presque brusque :

— Relevez-vous.

— Impossible, fit la princesse, avec un éclat de rire bien clair.

Le roi leva la tête et vit qu'en effet elle tentait d'inutiles efforts pour dégager sa plénitude naturelle des bras du royal fauteuil. Ceux-ci menaçaient de se rompre. L'ambre gémissait avec des craquements inquiétants.

Une grande clarté d'admiration et de surprise baigna les regards de Bouldazor. Faisant signe à la princesse de demeurer en place, il s'alla mettre à genou devant elle et lui passa l'anneau nuptial durant que les grandes palmes vertes, les hautes plumes d'autruche et de casoar et les plumes de paon aux yeux enrichis de pierreries frémissaient voluptueusement, au-dessus de leurs deux têtes dont les lèvres se touchaient.

Pour cela, Bouldazor fut surnommé le Sage par les hommes de son pays et par votre très humble serviteur.

LA POUPÉE

LA POUPÉE

I

C'est un grand malheur pour tout le monde, en même temps que l'unique délice de la vie, d'aimer le sexe auquel l'antiquité doit Eve, le moyen âge, Adèle Courtois, et l'âge moderne, mademoiselle Mily-Meyer. Mais quand la victime en est un militaire, ce malheur commun prend les proportions d'une calamité. Ménélas n'était pas seulement un cocu célèbre, mais aussi un guerrier estimé. C'est sa folle tendresse pour sa femme qui l'induisit en la coupable invention du cheval de bois, qui nous martyrise encore et le rendit à jamais ridicule, une seconde fois. Je pourrais citer encore l'exemple d'Antoine, le tragique pêcheur à la ligne, lequel fut un général heureux, jusqu'au jour où il se fit donner d'indignes brossées pour s'être étendu, comme un lion domestique, sous le pied d'ivoire aux ongles de corail de Cléopâtre.

Boniface, le héros de mon histoire, n'était qu'un simple soldat de première classe. Mais c'était vraiment une perle tombée du casque somptueux de Bellone. Ordonnance du colonel Lefriant du Minet, ce n'était pas seulement un serviteur modèle, mais bien la Providence de la maison. Ponctuel comme une horloge, grave comme un académicien que d'Aurevilly étrille, il était tout à son devoir, brossant jusqu'à la corde l'uniforme de son maître, cirant les bottines de la colonelle, avec un cirage dont Durandeau, qui l'avait connu aux zouaves, lui avait donné le secret; c'était encore lui qui frisait les toutous du ménage, deux griffons horribles, dont il s'était fait le perruquier. Aussi le colonel, qui était grognon mais brave homme, avait-il l'intention de lui faire un sort quand tous deux quitteraient le service.

Comment ce calme et solide avenir s'évanouit-il pour le pauvre diable ainsi qu'une fumée? Parce que le malheureux Boniface s'amouracha bêtement de mademoiselle Vivette Pigegru, cuisinière et femme de chambre tout à la fois de madame Lefriant du Minet. Plaidons bien vite les circonstances atténuantes. Mademoiselle Pigegru était de tout point digne de l'attention d'un paillard sérieux. Deux globes admirables, d'une blancheur éburnéenne, solides, élastiques, rebondis, délicieusement symétriques, voisinant à ravir, comparables à des collines de neige... Allons, bon ! vous allez encore nous parler du derrière de cette demoiselle ! Vous vous trompez, messeigneurs, c'est sa gorge que je vous décris ; jugez du reste.

II

— Vous savez, mon ami, que c'est aujourd'hui la fête de la petite fille du général? dit madame Lefriant à son mari.

— C'est ce dont je me fiche absolument, répondit le militaire.

— Vous avez tort, Bernard ; l'occasion serait bonne pour vous remettre avec votre supérieur, qui ne vous voit pas d'un œil caressant.

— Moi, faire une platitude, vous n'y pensez pas, Hortense !

— Une platitude, non, une avance à un homme qui peut vous servir,

— Oh ! vous savez, moi je suis d'une raideur..

— Vous vous vantez, mon ami.

— Que rien ne peut faire plier...

— Je n'en ai pas la peine. Je trouvais qu'un cadeau, dans cette circonstance, eût été opportun. Un cadeau à un enfant ne compromet jamais. Cette péronnelle adore les poupées. Il eût été bien simple de lui en acheter une et c'était un procédé certain pour rentrer en grâce.

— Agissez, après tout, comme vous le voudrez, ma chère ; mais alors, faites les choses grandement. Une poupée habillée de brocart d'or avec une couronne. Je ne veux pas que cet animal me prenne pour un pingre, par-dessus le marché.

— Non, mon ami, le plus grand plaisir des enfants est précisément d'habiller ces marionnettes. J'achèterai donc, si vous le voulez bien, la poupée toute nue, et le présent n'en sera que mieux accueilli.

Une heure après, madame la colonelle rapportait du plus beau magasin de jouets de Melun, — car j'ai omis de vous dire que c'était à Melun que son mari était en garnison, — la plus charmante poupée qu'on pût rêver, une vraie petite femme en son et en peau de gant, ayant les tons de chair des roses de Bengale, des pieds et des mains articulés, un charmant visage de cire qui souriait, et disant papa à tout le monde, ce qui est peut-être d'un scepticisme précoce, mais prudent dans tous les cas. Ce museau impassible, éclairé par deux grands yeux bleus d'émail, était surmonté d'une petite perruque noire, très finement crêpelée, comme la toison d'un agnelet. Seulement, madame la colonelle trouva qu'on avait mal juché et trop haut sur la nuque cette postiche chevelure. Elle fit donc venir Boniface et le pria de décoller la perruque, avec le plus grand soin, pour la placer plus coquettement sur le chef de la marionnette.

III

Boniface s'acquitta de sa tâche avec la passion méthodique qu'il apportait à tout ce qu'il faisait. La petite houpette de cheveux, ingénieusement posée sur un œuf, fut frisée à nouveau par lui, au petit fer et séparée au milieu par une raie microscopique. Ainsi rajeunie dans sa grâce, il enduisit, par-dessous, le léger canevas qui la soutenait de fine gomme arabique. Enfin il la fixa sur le crâne de sa cliente avec un goût parfait, l'étendant juste à point sur le front et en encadrant coquettement les deux oreilles. Justement satisfait de son œuvre, il venait d'envelopper le tout, mais bien délicatement, d'un beau linge tout blanc qui devait le protéger, une façon de maillot qui montait jusque par-dessus la tête. Et, tenant ce paquet sur les deux bras, comme un enfant à la mamelle, il allait le reporter à la colonelle quand la fatalité dont j'ai parlé plus haut lui fit rencontrer dans le couloir mademoiselle Vivette Pigegru. Jamais nénés plus insolents ne s'étaient dressés sous les regards éperdus d'un mortel. Du reste que je n'ai pas décrit, mademoiselle Vivette bouchait hermétiquement le passage. Un vrai bouchon de chair rose dans l'ombre d'un goulot. La séduction était trop forte, Boniface ne put résister. Sans quitter des mains son colis, il embrassa la robuste créature qui se débattit, pour la forme seulement. Un long baiser fut échangé dans le mystère.

— Nom d'un nom ! ce bougre n'a pas encore fini ! C'était la voix du colonel, qui s'impatientait.

— Laissez-moi ! laissez-moi ! soupirait la sensible Vivette.

Fou de bonheur, Boniface fut cependant rappelé au sentiment du devoir par la voix de son chef. Il traversa comme il put, en s'écrasant les épaules au mur, la voluptueuse barricade, et se présenta à ses maîtres, la poupée emmaillottée ayant repris sa position première sur ses bras.

— Ne vois-tu pas que nous partons, animal ! fit rudement le sieur du Minot.

— Allons, donnez vite, Boniface, ajouta la colonelle, en prenant le précieux paquet.

Et elle continua :

— Ce n'est pas la peine de regarder. Je suis sûre qu'il aura fait cela à merveille, et le temps nous presse. Nous ne serions, d'ailleurs, capables, ni l'un ni l'autre, d'emmitoufler aussi gracieusement notre présent.

Deux secondes encore et un roulement de voiture emportait les deux époux. Boniface profitait de leur départ pour courir reconnaître le jalon qu'il avait planté tout à l'heure. Le piquet était resté droit à sa place, et il put reprendre son travail d'arpenteur là précisément où il l'avait interrompu. Je ne m'étendrai pas sur les travaux géométriques auxquels il se livra pour déterminer le méridien de mademoiselle Pigegru.

IV

Nous voici chez le général comte Ledru de Humevessière, ou plutôt dans le salon de madame la générale dont c'était le jour de réception. L'entrée du colonel et de sa femme y fit sensation, les relations étant froides depuis longtemps.

— Madame, fit gracieusement la colonelle à madame la générale comtesse Ledru de la Humevessière, mon mari m'a montré ce matin sur le calendrier un nom qui vous est cher, et nous venons vous prier d'accepter pour mademoiselle votre fille, à l'occasion de sa fête, ce modeste souvenir.

— Avec cette branche de pétunia, ajouta le colonel en sortant une fleur de dessous son gilet.

La générale, très émue, serra madame Lefriant dans ses bras. M. de la Humevessière serra silencieusement, mais à la broyer, la main de M. Lefriant.

— Allez chercher notre Célestine, commanda la générale à un laquais.

Deux secondes après l'enfant entrait, une petite fille d'une douzaine d'années, grande et un peu gauche, avec l'air embarrassé mais vaguement souriant.

— Regarde, ma mignonne, lui dit sa mère, le joli cadeau que te fait notre excellente amie, madame Lefriant du Minet. Tout le monde se leva et toutes les têtes se tendirent poliment vers l'objet que la curiosité impatiente de la petite allait découvrir. Les épingles tombèrent une à une, puis enfin le voile que Boniface avait si soigneusement enroulé et fixé.

— Maman, maman ! fit Célestine en poussant des cris de stupéfaction.

Un murmure d'horreur s'éleva du groupe incliné. Le général regarda à son tour, juste au moment où la générale arrachait nerveusement la poupée à l'enfant pour la cacher sous un coussin.

— Colonel, vous êtes un polisson ! s'écria le général, ivre de colère.

— Fi, madame ! conclut la générale en montrant la porte à madame Lefriant.

La cause de tout cet émoi est vraiment difficile à vous dire. Il le faut cependant pour la clarté de ce récit. C'est simple et navrant. Dans sa lutte avec la grosse Vivette, entre les murs du couloir, Boniface avait si fort bousculé la poupée qu'il tenait toujours, que la perruque, mal retenue par la gomme encore fraîche, avait glissé le long du corps de la marionnette et s'était venue loger là, précisément où la pudeur des sculpteurs a imaginé la calvitie des statues de femme.

Le colonel fut envoyé à la Fère-en-Tardenois, qui passe pour la plus sale garnison de France. Boniface fut cassé de ses fonctions de brosseur et renvoyé au bataillon. Mais l'amour de Vivette l'y suivit ; alors, que lui importait le reste ! Si fatal que soit l'amour aux militaires, particulièrement, c'est encore lui qui leur fait le mieux supporter les maux de leur rude vie.

AMOURS D'AUTREFOIS

AMOURS D'AUTREFOIS

A Louis Davyt.

I

Ce sera, si vous le voulez bien, au temps de François Ier, le plus fécond de tous en galantes aventures.

Sur la terrasse de sa jolie maison de la Cité, devant le soleil qui se couche et peint de rouge au loin la Seine, madame la comtesse d'Estanges rêve en balançant entre ses jolis doigts la tige d'une rose qui s'effeuille et pleure ses pétales tendres sur le sable doré. Elle est jeune, elle est belle, elle est vertueuse et elle est veuve. Donc elle s'ennuie. Mélancolique, elle regarde l'eau couler, et ses yeux se perdent dans l'infini des bonheurs lointains à jamais envolés.

Le bruit d'un carrosse sur le pavé la distrait soudain de sa méditation. La pétulante marquise des Engrumelles en descend, dans un grand fracas de soie, et, en deux enjambées légères, est déjà dans le jardin de son amie.

— Ah ! ma chère, tu ne devinerais jamais ce qui m'amène !

— Quoi donc, mon Dieu ! et pourquoi es-tu si troublée ?

— Tu te trompes, je ne suis pas troublée, j'ai envie de rire à en mourir. Je te donne à deviner en mille quelle est la dernière imagination de M. des Engrumelles.

— Dis bien vite !.

— Eh bien ! il a conçu tout simplement le plan de t'enlever.

— Moi, pourquoi faire?

— C'est ce que je me suis demandée aussi, car M. des Engrumelles... Enfin, il se prétend très amoureux de toi, il est convaincu qu'une aventure de ce genre clorait à merveille la liste ouverte depuis longtemps de ses bonnes fortunes.

— Mon Dieu ! que faire ?

— La chose la plus simple du monde, quitter ton hôtel à l'instant, aller demander l'hospitalité pour une nuit au couvent de l'Annonciade, et me laisser attendre ici même le séducteur et ses complices à ta place.

— Quelle folie !

— La seule chose raisonnable, pourtant, si peu que tu réfléchisses, et puis, c'est à ta vieille amitié que je demande de me fournir cette vengeance innocente et si bien méritée.

Madame d'Estanges se leva lentement, son amie lui prit le bras et toutes deux marchèrent en causant tout bas, sous l'avenue des tilleuls en fleur, dont l'arome descendait jusque sur le quai, tandis que les yeux d'or des premières étoiles clignotaient dans l'azur attendri et que les lucioles s'allumaient dans la profondeur des bordures et semblaient le reflet des étoiles. Un instant après, tout était convenu, et la jolie marquise des Engrumelles, bien encapuchonnée pour n'être pas immédiatement reconnue, attendait que les gens de son ridicule mari vinssent la ravir.

II

M. des Engrumelles, un sot achevé, comme vous l'avez deviné déjà, et de plus, un prétentieux compromettant, avait résolu de diriger lui-même l'expédition, prudemment, pour en recueillir immédiatediatement les fruits. Tout semblait sourire à son projet. La lune qui, longtemps, avait jeté sur la Seine un long scintillement d'argent, était à peine visible sous un crêpe de petits nuages transparents.

Le marquis donna résolument le signal. Les maroufles qu'il avait stipendiés montèrent hardiment à l'assaut de la terrasse. Un instant après, la marquise était dans leurs mains, entraînée sur le quai, et poussait des cris inarticulés pour ajouter à la vraisemblance de l'enlèvement. Ce fut une idée fâcheuse au point de vue de son propre projet. A son appel désespéré, un grand gaillard, qui ne mesurait guère moins de six pieds, un officier armé de toutes pièces, dégaina, accourut maladroitement à son secours, dispersa les assaillants à grands coups de sa rapière et, la soulevant à demi évanouie de vraie terreur, cette fois, entre ses bras robustes, la rapporta dans sa maison d'où il l'avait vu arrachée par les complices du marquis.

Tout était sombre, toutes les lumières éteintes dans l'hôtel de l'innocente comtesse, doucement endormie pendant ce temps, son chapelet dit et sa prière faite, au couvent de l'Annonciade, et ne se doutant guère du drame dont ses lares allaient être témoins. Mais faut-il appeler drame ce qui se passa alors et que vous pressentez sans doute? Le libérateur de la belle madame des Engrumelles était le vaillant chevalier de Bois-Kardec, un gentilhomme breton n'ayant pour bien que son épée, et parti pour la guerre lointaine. Le jour même, il était revenu d'Italie avec l'armée victorieuse, assoiffé d'amour, grisé de toutes les choses qu'on lui avait dites touchant la beauté des Parisiennes et leur manque de vertu. La marquise, elle, n'était pas une bégueule et de plus, elle avait au cœur une rancune contre son mari, qui lui faisait douce toute occasion de la satisfaire. Enfin, comme je l'ai dit, il faisait une nuit noire, et il serait impossible à celui qui la tenait dans ses bras de la reconnaître jamais.

III

La destinée, qui devait une revanche au vaillant gentilhomme dont la jeunesse pieuse avait été austère en Bretagne et à qui une laborieuse campagne n'avait permis aucun plaisir, s'acquitta, il faut en convenir, merveilleusement en cette circonstance avec lui. Certes, il perdit beaucoup à ne pouvoir contempler le minois charmant de la marquise qui avait de jolis yeux clairs, transparents comme des pierreries, de beaux cheveux blonds, si fins qu'ils semblaient une poussière d'or sur les blés et une bouche d'un rose adorable dont l'arc se tendait et se détendait dans de charmantes moues et de délicieux sourires. Mais la somme de trésors qui lui restait, non pas sous les yeux, mais sous la main, eût déjà valu qu'on compromît pour elle son salut éternel; car ce n'est pas des biens précaires ni des futilités philosophiques qu'une gorge ferme et bondissant sous le doigt comme un couple d'agneaux qui jouent ensemble, que des hanches qui regimbent et que la souplesse caressante des reins qui se ploient sous l'étreinte. Or, tout cela fut accordé à notre chevalier. Il connut la douceur du baiser que la bouche refuse longtemps, puis rend ensuite, des embrassements qui se doublent par la communauté enfin partagée des désirs.

Il respira dans un baiser le parfum de cette chevelure dénouée, l'odeur plus pénétrante de cette nuque tiède et ses lèvres descendirent encore, et ce fut un enchantement qui dura quelques minutes, mais des minutes, qui valaient bien une éternité.

— Adieu! lui dit éperdument la marquise, dans un dernier baiser.

Et, comme du bout de son doigt posé sur son épaule, elle lui ordonnait de demeurer en place, il se soumit et la laissa partir en galant homme, sans lui avoir révélé le secret de son voyage. Où s'en fut-elle? Il n'en sut rien, mais il ne lui sembla pas qu'elle eût quitté la maison. Sans doute était-elle remontée dans son appartement, puisqu'il avait tout lieu de croire qu'elle se trouvait chez elle.

Lentement, il regagna la terrasse, en descendit les marches et s'arrêta sur le quai. Après s'être orienté suffisamment pour pouvoir reconnaître la maison le lendemain, il s'agenouilla, et, fou d'amour, il en baisa la dernière marche. Puis il disparut dans la nuit.

IV

Le lendemain matin, madame d'Estanges, qui avait les meilleures raisons du monde de se croire à l'abri des poursuites du marquis, était rentrée chez elle. Tous désordres y avaient été soigneusement réparés. Elle fut quelque peu surprise que toute la matinée se passât sans que la marquise lui donnât de ses nouvelles et la renseignât sur le succès de sa ruse. La vérité est que la belle madame des Engrumelles, qui avait pu regagner son toit sans encombre, ne se souciait de raconter à personne les plaisirs qu'elle avait goûtés la veille au soir.

Elle n'avait pas eu de peine à se cacher, pour rentrer, de son mari. En effet, celui-ci qui, malgré sa prudence, avait reçu quatre ou cinq bons coups du plat de la rapière du chevalier, n'avait pas mis grand empressement à se montrer, tout moulu qu'il était et se frottant où il avait été trop vivement carcssé. Aucune explication n'eut donc lieu entre les deux époux qui prirent un soin égal de s'éviter l'un l'autre. Les choses en semblaient donc au même point à l'hôtel d'Estanges et à l'hôtel des Engrumelles que si rien du tout ne se fût passé. Mais ces tranquilités menteuses sont pareilles à celle du flot refermé sur l'oiseau plongeur qui, bientôt, déchirera une seconde fois sa surface azurée. Ledit oiseau, dont personne ne soupçonnait plus la présence sous l'eau, apparut à madame d'Estanges sous les traits d'un fort beau cavalier à la tournure martiale, en très élégante tenue, qui sollicita, sur les trois heures de relevée, l'honneur d'être admis devant elle.

C'était notre chevalier qui venait faire sa visite de digestion, comme on dit quand il s'agit d'un repas accepté. Le chevaleresque guerrier s'était bien promis tout d'abord de ne jamais revoir la mystérieuse dame qui s'était montrée si jalouse de garder son incognito ; mais à la réflexion, il jugea cette discrétion outrée et ridicule. Ne lui avait-on pas dit que presque toutes les grandes dames de Paris avaient le haut de la jambe joyeux et ne tenaient nullement à être traitées comme des madones ? Il venait donc respectueusement mais résolument, recueillir sa propre succession, car il serait vraiment imbécile de ne pas hériter de soi-même. L'accueil étonné qu'il reçut lui parut, à lui Breton naïf, le comble de la duplicité féminine. Madame d'Estanges le regardait avec ses grands yeux noirs chastes et stupéfaits, doucement hautaine bien que sympathique d'abord et aux premiers mots, pour un gentilhomme dont le nom était illustre, et qui venait de verser son sang pour la patrie.

Complètement dérouté, le chevalier résolut de ne pas se laisser désarçonner par tant d'audace et, très discrètement au début, avec une clarté désespérante ensuite, se permit des allusions aux bonheurs de la dernière nuit. Pour le coup, la comtesse prit l'attitude d'une personne qui ne comprend rien à ce qu'on lui dit et qui a envie d'appeler parce qu'elle croit qu'elle a affaire à un fou. C'en était trop ! Notre loyal militaire, qui se sentait, d'ailleurs épris au point de perdre la tête, fut absolument indigné d'un aussi colossal toupet et, oubliant toute mesure, tomba aux genoux de la comtesse en murmurant des paroles folles et en dévorant sa main gauche de baisers. La droite, sans perdre un instant, s'abattit sur sa joue, et la porte lui fut montrée d'un geste si menaçant qu'il sortit à reculons, comme un homme ivre, en bégayant des mots inarticulés. C'est tout au plus s'il ne se brisa pas les reins en atteignant la première marche du perron de pierre.

V

Au moment où il allait sortir de cet hôtel de malheur, la belle marquise des Engrumelles y arrivait elle-même en litière.

Elle avait compris qu'il lui était impossible de laisser son amie plus longtemps dans l'ignorance de ce qui s'était passé la veille.

Peut-être aussi un secret pressentiment l'avait-il avertie que son malencontreux libérateur, dont elle avait gardé, d'ailleurs, le plus aimable souvenir, prendrait le même chemin dans l'espérance de la revoir. Les âmes pures ont de ces délicates intuitions. Heureux ceux qui lisent ainsi en même temps la même page du livre obscur des pensées.

Quand elle aperçut le chevalier qui achevait sa dégringolade, la marquise sauta de sa litière, avant que celle-ci n'eût atteint la porte de l'hôtel d'Estanges et, feignant de s'être démis le pied, elle se mit à pousser des petits cris de poule effarée, de petits cris douloureux qui ressemblaient cependant à de petits éclats de rire.

Fidèle à ses habitudes de galanterie, le chevalier reprit son aplomb, courut vers elle, la releva, la soutint et lui prodigua les soins les plus touchants. C'était tout ce que souhaitait la marquise. Après avoir voulu que ce fût le chevalier lui-même qui l'étendît sur ses coussins, elle exigea qu'il y prît place à côté d'elle, brûlant de présenter à son mari un gentilhomme qui venait de lui rendre un si grand service. Mais notre des Engrumelles n'était pas à la maison, ce qui lui valut d'être cocu une seconde fois sans avoir à attendre ce sacrement réitéré. Et ce fut ensuite tous les jours qu'il le reçut, à toute heure du jour et de la nuit, jusqu'à ce que le congé du bon chevalier fût expiré.

Longtemps après, très vieux, tout blanc, dans son antique manoir de Bretagne, le chevalier de Bois-Kardec disait encore souvent :

— Je n'ai jamais connu, à Paris, qu'une honnête femme, et qui fut reconnaissante de ce qu'on avait fait pour elle.

BUCOLIQUE

BUCOLIQUE

I

Le matin traînait encore sa robe de vapeur sur la surface argentée de l'étang, où les nénuphars ouvraient leurs grands yeux d'or parmi les derniers reflets des étoiles pâlies. Les roseaux frémissaient comme des flèches dans un carquois, tandis que Diane fuyait à l'horizon, dans un frisson de nuées.

Le grand parc était tout noyé d'une lumière blanche, et le château de Saint-Dodu se profilait à peine sur le ciel vaguement estompé. Une petite merveille, ce parc de Saint-Dodu, qui avait appartenu autrefois à madame de Staël, et plein de futilités mythologiques dans le goût du premier Empire. Des dieux Thermes à la rencontre des grandes allées, rêvant dans leur gaîne de pierre avec de courtes chevelures de mousse. Une Diane penchée sur son arc dans la solitude d'un bosquet et, tout près de l'étang, dans un véritable retrait de verdure, les ruines artificielles d'un temple de Vesta.

Le propriétaire actuel du château; M. de Saint-Dodu, était une bonne vieille ganache de colonel en retraite. Rien de plus à en dire, le portrait de sa femme étant infiniment plus intéressant que le sien. La cinquantaine, mais une cinquantaine proprette et ragoûtante à l'envi. Un minois qui avait dû être délicieusement chiffonné, avec un petit nez qui était resté fripon. Des yeux bleus, où brillaient encore les étoiles de la jeunesse, une chevelure presque blanche, mais abondante et soyeuse encore. De moyenne taille, avec un embonpoint tout à fait aimable et une poitrine qui n'avait rien de découragé. De jolies petites mains de chanoinesse et des pieds mignons complétaient cet ensemble de femme mûre, mais non blette, assise sur une poire naturelle à l'envergure de potiron.

Au moral, une excellente personne, un peu prétentieuse, très bas-bleu, libre-penseuse, ayant beaucoup lu les philosophes du dernier siècle, et ayant, on ne sait pourquoi, la prétention de ressembler à madame de Warrens. Elle adorait la botanique et la pêche à la ligne.

Les deux seuls hôtes du château qu'il convienne

encore de citer, étaient mademoiselle Estelle, une exquise jeune fille blonde, nièce de madame de Saint-Dodu, et Éliacin Chauvet, neveu de M. de Saint-Dodu, un bachelier de dix-huit ans, venu là pour passer ses vacances.

II

Et maintenant, retournons, s'il vous plaît, sur les bords de l'étang, d'où s'est enfuie l'image de la dernière étoile, et dont les saules éplorés rêvent sur la fuite des martins-pêcheurs au vol d'émeraude. Tandis que tout repose encore, Eliacin est là, le cœur plein d'Estelle, promenant, comme un pasteur virgilien, la vision de cette Galathée absente, dans la pitié des choses de la nature qui semblent ne chanter que ses espoirs et ne murmurer que ses plaintes.

Et voici que, toujours fidèle au souvenir des antiques bergers qui écrivaient leurs idylles amoureuses sur les troncs des arbres, de la pointe de son canif de collégien, il trace, sur l'écorce polie d'un bouleau, ce sonnet qu'il avait passé la nuit entière à composer et qu'Estelle lirait peut-être, en venant rêver, elle aussi, au bord de l'eau :

> Elle est la grâce, et quand l'aurore
> Rallume le soleil éteint,
> Les roses prennent à son teint
> Le doux éclat qui les colore.

> Elle est le charme, et quand, sonore,
> La voix lente du flot lointain
> Chante le retour du matin,
> C'est sa voix que j'entends encore.
>
> Trésor joyeux ! Trésor amer !
> Elle est l'aurore ! Elle est la mer !
> Elle est la grâce ! Elle est le charme :
>
> Seule elle apporte à mon amour,
> Dans un sourire, tout le jour,
> Tout l'Océan dans une larme.

— Bravo ! fit à côté de lui une voix qui n'était pas celle d'Estelle.

Interrompu dans son délicat travail au moment où il venait de l'achever, Éliacin se retourna vivement. Il se trouva en face de madame de Saint-Dodu vêtue d'un peignoir de nankin, avec un grand chapeau de paille. Elle était formidable à voir avec sa ligne à la main, un panier passé en bandoulière et qui lui tapotait les fesses, une paire de lunettes frémissantes sur son nez capricieux.

III

— Pourquoi ne m'avoir pas confié plus tôt, mon enfant, lui dit-elle, la tendresse si naturelle d'un jeune homme de votre âge pour une femme du mien ! Les printemps ont toujours aimé les automnes, et les matins revêtent les mêmes roses tendres que les couchants. C'est une admirable loi de la nature que cette loi de compensation des âges les uns par les autres, et sur laquelle le philosophe Azaïs me semble ne pas avoir insisté suffisamment. Il résulte de mes remarques personnelles que la somme des ans de ceux qui s'aiment doit être une quantité invariable. A nous d'eux, nous avons vraiment l'âge qu'il faut pour s'aimer.

Et comme Éliacin la contemplait, abasourdi, elle continua d'une façon à la fois tendre et maternelle :

— Je remarquais bien que vous n'osiez pas me parler et que vous rougissiez devant moi ; vous me croyiez d'une conquête impossible ? Mon Dieu ! Monsieur de Saint-Dodu ne recevant ici que de vieux Roquentins comme lui-même, je n'avais aucune raison de le tromper. Je me résignais, mais la botanique n'était pour moi qu'un dérivatif, et la pêche à la ligne qu'une consolation. Il n'est de fleur vraiment éternelle que l'amour ; il n'est de pêche miraculeuse que celle qui se fait au lac séraphique des caresses ! Venez, mon enfant, et suivez-moi dans le temple de Vesta !

En parlant ainsi, madame de Saint-Dodu avait pris une allure vraiment sibyllique et majestueuse. Son grand chapeau la limbait d'une auréole de paille, le nankin de sa robe frémissait dans la brise et ses lunettes s'emplissaient de soleil sur son petit nez frétillant comme la queue d'un goujon.

Éliacin, qui était une nature religieuse et un garçon bien élevé, partit derrière elle, silencieux, pour le sacrifice.

IV

Sacrifice! qui a dit ce vilain mot? Nous serons ici d'une franchise cruelle. Éliacin se croyait bien sincèrement amoureux d'Estelle, ce qui veut dire qu'il l'était, car, croire qu'on aime, c'est certainement aimer. Depuis un mois déjà qu'il était au château de Saint-Dodu, aucune autre vision n'avait hanté son cerveau que celle des cheveux d'or d'Estelle, si doucement crépés, sur la nuque; des yeux bleus d'Estelle, où couraient de si mélancoliques reflets d'améthyste; de la bouche d'Estelle, de toutes les grâces si délicieusement réparties d'un bout à l'autre de sa personne, sans en oublier le milieu.

Il se jurait, dans le silence des nuits, d'être inexorablement fidèle à cette radieuse image et de s'enfermer dans la solitude des cloîtres, si la vie lui était interdite près de cet être élu dans le monde tout entier. Belles et platoniques illusions de la jeunesse! un autre homme que ce beau rêveur mystique se révèle en lui sur les marches rongées de lichens du temple de Vesta. Ce n'est ni d'horreur, ni de dégoût, ni de révolte contre soi-même que l'enveloppent les étreintes passionnées de madame de Saint-Dodu. Ses bras, à lui aussi, se ferment voluptueusement autour de ce corps rondelet, résistant, abondant et frissonnant de plaisir. Il a vite oublié le chapeau de paille ridicule et les lunettes qui ont sauté pardessus les buissons, et le nankin qui se déchire aux ronces. La grande nature et le dieu Pan lui ont fait une âme nouvelle, et il goûte certainement un des instants les plus délicieux de sa vie à cette coupe d'un amour inattendu et matinal, tendue par une femme sans jeunesse sur les ruines d'un temple sans dieux.

— Mille tonnerres !

Et une canonnade de jurons éclate à deux pas d'eux, tandis que le colonel apparaît, brandissant sa canne.

Lui aussi avait eu l'idée mélancolique de se promener de bon matin.

Le dur morceau d'épine s'abattit sur le derrière d'Éliacin, qui se sauva à toutes jambes. L'explication fut terrible entre monsieur et madame de Saint-Dodu, et le procès intenté par le mari à sa femme sera certainement un de ceux qui feront le plus de bruit cette année dans le monde des prétoires.

Et vous verrez qu'Éliacin n'en épousera pas moins Estelle pour cela.

V

Je venais d'achever mon récit.

— Voici qui pourrait s'appeler, me dit Jacques, comme une comédie célèbre : « *Beaucoup de bruit pour rien.* » Tes Sganarelles furieux, tes époux assoiffés du sang des amants, tes cornards en insurrection contre une légitime destinée, tes laquais impertinents portant à contre-cœur la jaune livrée, me remettent toujours en mémoire une fable ancienne que je découvris dans un vieux grimoire relié de parchemin usé, antérieur aux premiers ouvrages de La Fontaine et où celui-ci a puisé le dernier vers d'un de ses plus célèbres apologues. La voici :

> Un mary trompé se fict plaindre
> Deux belles cornes sur le cul,
> Avec ces mots : Je suys cocu.

MORALE

Fict-il pas mieux que de se plaindre ?

CRIME ET CHATIMENT

CRIME ET CHATIMENT

I

J'ai ouï nombre de gens affirmer, en écoutant le beau drame de nos amis Paul Ginisty et Hugues Le Roux, que le roman de Dostoïevski, d'où ils l'avaient tiré, était le plus beau livre du siècle. Au reste, M. le grand-maître de l'Université ne proposait-il pas, ou à peu près, il y a quelque temps, qu'on en substituât l'étude à celle de l'*Iliade* dans les collèges. Nous sommes de curieux imbéciles avec notre admiration aveugle des étrangers. Combien y en avait-il, parmi ceux qui parlaient ainsi, qui se pussent vanter de connaître tous les chefs-d'œuvre incontestés de la langue française ? Il serait cependant logique de commencer son éducation littéraire par là. Je puis certifier que pas un ne comprenait la langue russe. Alors on me permettra de considérer leur opinion comme une simple fantaisie. Un benêt croit pouvoir seul juger un livre sur une traduction. La vertu des mots n'est pas moins essentielle à l'immortalité d'une œuvre que la sublimité des pensées, et le propre du génie est précisément de savoir si étroitement allier celle-ci à celle-là que tout ce qu'il touche rappelle cette admirable définition de Platon appelant le Beau : la splendeur du Vrai.

On pourrait trouver à cet engouement une autre cause dans le plaisir tout naturel que les romanciers actuels prennent à faire oublier notre Balzac, dont la grande ombre les écrase.

Ce qui est certain et ce qui est vrai, c'est que *Crime et Châtiment*, de Dostoïevski, fait penser à l'art des grands tragiques qui nous ont si bien montré l'homme inexorablement vaincu par la fatalité. Sa vraie grandeur, demeurée si vivante, dans l'adaptation à la scène de nos jeunes confrères, réside tout entière dans la lutte entre l'homme et le remords. C'est la fable immortelle d'Oreste rajeunie, c'est l'affirmation du seul fait psychologique sur lequel repose l'hypothèse de la conscience humaine.

Et maintenant, mes bons petits paillards, un

conte nouveau pour confirmer cette immortelle vérité.

II

Boniface Pécouli ne ressemblait ni à Oreste, ni même à Rodion, par la grandeur de son crime. Il était innocent du sang de sa mère et n'avait à se reprocher le meurtre d'aucune revendeuse. Son délit était essentiellement lâche et bourgeois. Il avait volé, non pas l'escopette au poing, comme les héros de grande route, mais tranquillement, sans courir aucun danger, comme un domestique malhonnête. Il avait volé son patron, son bienfaiteur, le banquier Vanderbitt, dont il avait été l'employé vingt ans durant. Il n'avait pas passé un jour sans fausser une écriture et sans accroître de quelque menue monnaie une fortune déjà rondelette, quand le confiant Vanderbitt s'aperçut des prévarications de son agent. Cet homme d'argent était, par hasard, un homme magnanime. Il refusa de perdre l'indigne Boniface Pécouli et se contenta de le flanquer à la porte, après lui avoir fait honte, et cela sans témoins, de son indélicatesse...

— Va te faire pendre ailleurs, lui avait-il dit en forme de péroraison.

C'était tout ce que le drôle demandait et c'était s'en tirer vraiment à bon marché. Boniface était en particulier ravi de l'idée qu'il n'avait même pas à rendre gorge. Il sortait donc tout à fait satisfait du

13

cabinet de son maître, quand un détail insignifiant en apparence ébranla soudain sa tranquillité. Comme il traversait la grande salle où ses anciens camarades étaient accoudés sur leurs pupitres, un gamin, le plus jeune de tous, perça de son doigt, de façon à y faire un trou, un vieil exemplaire de la *Lune*, de ce pauvre André Gill, qui était attaché à la muraille parmi d'autres images. Ce mouvement était-il intentionnel ? je n'en sais rien, mais le coupable Boniface se remémora, à son occasion, une locution populaire qui s'appliquait fort bien à lui. Redoutant une allusion ou une ironie, il sortit extrêmement inquiet.

III

Une obsession singulière le hanta depuis ce temps et justifia encore cet autre adage qui dit que le bien mal acquis ne profite jamais. Nous voici vraiment comme Sancho Pança dans le pays des proverbes. Notre Boniface n'osait plus regarder la lune, persuadé qu'il y verrait un trou. Il se maria pour se distraire. Madame Pécouli était une fort agréable personne brune, avec des yeux provocants, un air aimablement déluré, des cheveux et des dents superbes. Elle avait bien d'autres charmes encore, une gorge qui appelait la main et, si son mari eût osé soulever sa chemise, il eût vu dessous quelque chose de plus appétissant encore. Mais il avait toujours sa diable d'idée en tête et il se méfiait. Ce lui fut bientôt une torture de ne pouvoir ni regarder sa femme de ce côté-là, ni satisfaire une curiosité bien légitime chez un époux.

A dire vrai, ce commis infidèle, ce bonhomme quadragénaire et rondelet, n'était certainement pas l'idéal auquel avait rêvé, dans son lit de jeune fille, celle qui devait devenir madame Pécouli. Mais, elle s'était facilement résignée à cause de la fortune qui lui tombait ainsi du ciel et en se disant, qu'après tout, Boniface était assez bon pour faire un cocu, ce qui demeure le but essentiel du mariage. Et le trompait-elle à tire-larigot, ce qui était un pain bénit, un tel homme ne méritant certainement pas une épouse fidèle.

Leur vie était la vie terne des petites gens aisées et sans grande imagination. Boniface avait un penchant marqué à l'avarice et ne donnait volontiers à sa femme que d'économiques distractions. Un soir, qu'après une promenade à pied dans les Champs-Élysées, ils traversaient la place de la Concorde, madame Pécouli exprima à son mari le désir de regarder dans la grande lunette que manœuvre un gardien, aussi solennel qu'un invalide auprès des canons glorieux qui rappellent nos victoires. Cela coûtait juste deux sous, et comme M. Pécouli venait de refuser à sa moitié une consommation dans un café-concert, il jugea l'occasion bonne de se remettre en faveur auprès d'elle, à une heure où les maris vivement épris n'aiment pas à être boudés de leurs femmes. Puis une tentation terrible, suite de sa préoccupation ordinaire, lui vint à l'esprit. S'il regardait lui-même dans le tube mystérieux ?

Il y pourrait voir une lune agrandie, incontestable, intacte peut-être et qui dissiperait à jamais la bizarre pensée dont il était poursuivi. Fatalité qui n'est qu'une beauté de la Providence équitable! C'est justement cette nuit-là que l'intrépide capitaine Jovis enlevait le poète Paul Arène dans les airs. Le ballon se trouvait juste entre la longnette et l'image de la lune, si bien que le chapeau de Paul Arène, en particulier, dessinait dans celle-ci une large échancrure.

M. Boniface faillit tomber à la renverse.

— Regarde! dit-il à sa femme, en tremblant d'épouvante.

Madame Pécouli obéit et regarda une seconde fois, ce qui coûta encore deux sous à son mari, mais comme le poète Arène était plus haut dans les nues, elle ne vit plus rien devant l'astre, et déclara à son mari qu'il avait la berlue.

L'esprit de celui-ci en fut plus véhémentement frappé et un policier, à l'oreille fine, — et ce n'est pas M. Lozé que je veux dire, — l'eût entendu murmurer :

— Décidément, c'est le doigt de Dieu qui traverse ce maudit fromage et la lune n'a de trous que pour. moi!

IV

Paris lui devint insupportable. Les consciences mal à l'aise sont comme des personnes qui ont des

clous au derrière : elles se trouvent mal partout. Il
loua une maison de campagne dans les environs de
Fontainebleau, et se dit que le voisinage des grands
bois, où les coucous chantent le matin, apporterait
quelque sérénité à son âme. Il se mit à cultiver les
fleurs, espérant tromper Dieu lui-même par les dehors d'une vie innocente.

Mais Dieu, qui est notoirement célibataire, n'est
pas comme les maris : on ne le trompe pas. Il avait
envoyé sept plaies à l'Egypte ; il se contenta d'une
seule pour ajouter à la détresse du malheureux Boniface. Les mulots envahirent son jardin et dévorèrent sournoisement les racines de ses plus beaux rosiers. M. Pécouli n'eut plus qu'un souci : détruire
ces terribles rongeurs, ennemis des ornements sacrés du printemps. Un apothicaire, avec qui il faisait commerce d'amitié et de limonade purgative,
l'engagea à composer un liquide phosphoré dont il
imprégnerait des boulettes destinées à empoisonner
ses ennemis.

Un jour que madame était allée passer sa journée
chez sa tante, — une tante qui avait de rudes moustaches et qui portait des éperons, — Boniface composa le fameux poison, profitant de l'absence de sa
femme pour transformer le cabinet de toilette de
celle-ci en laboratoire. Distrait par un événement
imprévu de cette occupation, il avait laissé le liquide déjà fait dans un vase où madame Boniface,
rentrant à l'improviste, le trouva. Or, comme cette
noble dame avait souvent les fesses très échauffées,
après avoir chevauché avec les officiers en garnison
à Melun, elle avait coutume de se les rafraîchir dans

un émollient que sa bonne lui préparait expressément pour cela. Elle prit pour son bain de siège habituel la merveille pharmaceutique élaborée par son mari et s'en bassina les soubassements, sans en éprouver d'ailleurs aucune incommodité.

V

M. Pécouli, qui n'attendait sa femme que le soir, rentre après dîner seulement et à la nuit close. Bah! il s'occupera des mulots demain matin. Il monte dans la chambre conjugale, sans allumer de lumière et demeure confondu devant le spectacle qui luit dans l'ombre, sous ses yeux. Une rondeur blanche et phosphorescente, majestueuse et sereine, le derrière en personne de madame Pécouli, rayonnant dans l'ombre comme les doigts qu'on a frottés d'allumettes ; oui, son noble et bienséant derrière, qu'elle avait dégagé de sa chemise en s'endormant, parce qu'il faisait très chaud.

Victime de son horrible cauchemar, Pécouli s'écrie :

— La lune! la lune dans mon lit, maintenant, toujours la lune!

Et il ajouta avec désespoir :

— Il y a encore un trou!

AU PAYS DU RANZ

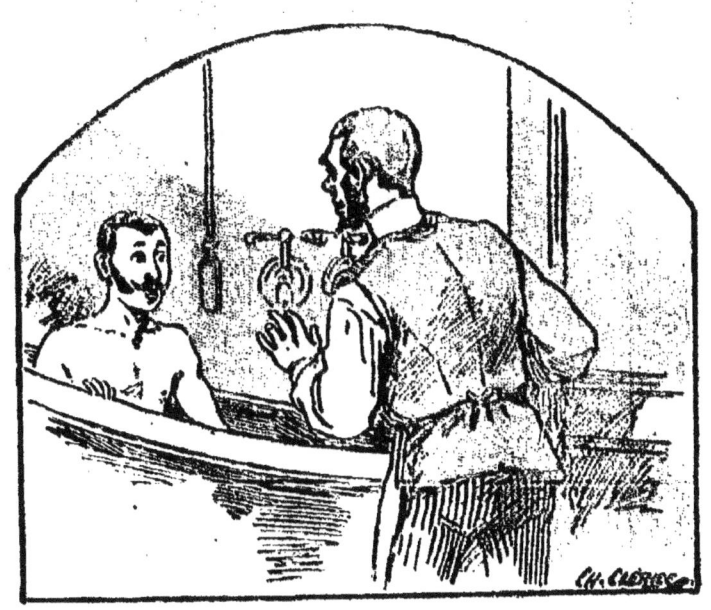

AU PAYS DU RANZ

I

La gloire du matin se levant dans un montueux paysage, de légères vapeurs courant le long des cimes et de délicieux coins de bois s'élevant jusqu'à mi-côte et semant dans l'air l'âme des dernières fleurs ; au fond des vals, les ruisseaux coulant comme des rubans d'azur pailletés d'argent. Les appels des bergers se répondent et la musique des premières feuilles mortes est comme un frémissement de soie sous les pieds. Le soleil fait son escalade accoutumée, nimbé d'un grand rayonnement, salué par le chant des oiseaux et par le murmure des sources. Nous sommes en Suisse, dans le noble pays de Guillaume Tell, des fromages et des coucous, dans cette patrie de l'indépendance qui fournit d'excellents domestiques à toute l'Europe.

Dans un site exquis, constituant comme une halte au travers des ascensions, sous de magnifiques ombrages, le jeune vicomte Adalbert de Mimipartout se promène lentement, savourant la douceur des brises dans sa chevelure inspirée, murmurant des mots tout bas, mimant de subits désespoirs, puis d'impétueuses joies, avec tous les ridicules en un mot des chasseurs de rimes dont je me fais gloire d'être comme un autre.

Après s'être récité d'un bout à l'autre et en interrompant sa course, le petit morceau qu'il venait de composer, le jeune vicomte Adalbert de Mimipartout tira solennellement un carnet de sa poche et y inscrivit, du bout fiévreux de son crayon, le sonnet suivant qui venait tout justement d'éclore dans son cerveau :

> Comme un nuage de Malines
> Effleurant des seins de velours,
> Sur les monts opaques et lourds
> La neige met ses mousselines,
>
> Et je pense alors aux collines
> Que fleurit la fleur des amours,
> Où mes lèvres s'en vont toujours
> Lorsque sur mon cou tu l'inclines.

Comme au pied des monts, les forêts,
Ta gorge a des parfums secrets
De violettes et de verveines.

Et dans les lacs que le ciel teint,
Je crois voir courir sur ton teint
Le frisson d'azur de tes veines.

Tudieu ! me direz-vous, voilà un homme terriblement amoureux ! Et pour qui ce gentilhomme écrit-il ainsi des vers, sous les baisers tremblants de l'Aurore ? Tout simplement pour sa femme, pour la vicomtesse Hubertine de Mimipartout.

II

Un événement imprévu les avait donc séparés? Eh! Qui vous fait croire que la vicomtesse fût absente ? Ne peut-on penser aux gens, même quand ils sont là? Durant que son mari sacrifiait ainsi au culte immortel des Muses, Hubertine était à deux pas de lui, assise sur un bloc de pierre revêtu tout exprès de mousse et dessinait le site admirable qu'elle avait sous les yeux. Imaginez une créature tout à fait mignonne et charmante, un visage distingué et souriant, un corps jeune et souple, dont l'étui devait être une véritable boîte à surprises. Je vous ai dit : mignonne, mais non point : maigre, et sous la jolie robe de piqué blanc, largement rayée de bleu, qui constituait sa simple toilette, un observateur eût aisément deviné des formes rondelettes et aristocratiques à la fois, un de ces bijoux féminins dont les artistes de la Renaissance ont laissé le modèle. Donc elle crayonnait, sans même avoir pris la peine de retirer ses gants de Suède, un carton sur les genoux, très attentive à sa tâche et clignant parfois des yeux, ce qui donnait à ses cils un frémissement d'ailes d'oiseau-mouche.

Il n'y avait pas deux mois que le vicomte et la vicomtesse étaient mariés. Je ne chercherai pas à vous faire croire à l'invraisemblance d'un mariage d'amour, dans un monde où ils sont plus rares que jamais. Mais Adalbert avait trente ans à peine, une agréable tournure, une excellente santé, et comme il appartenait à une famille cléricale et qu'il avait été très sévèrement élevé, il s'était présenté à l'autel, non pas vierge dans le sens ridicule du mot, mais sans s'être préparé à l'hyménée par les épuisements d'une vie de polichinelle. Hubertine n'avait pas encore atteint sa vingtième année. Elle ne connaissait rien de la vie et était naturellement aimante. Les premières épreuves de l'existence conjugale ne l'avaient pas épouvantée ; elle avait pris goût aux secondes et avait réclamé, la première, les troisièmes. Ces deux êtres, bien qu'unis par un mariage de convenance, avaient donc tout ce qu'il faut pour s'adorer et s'adoraient en effet.

Le vicomte s'approcha sournoisement de sa femme et lui lut son sonnet. Celle-ci l'en remercia avec effusion, ferma son carton, s'accrocha au bras de son mari et tous deux se remirent en route, tête contre tête et se retournant à tout moment, pour se donner des baisers. Ils étaient silencieux et je dois vous dire tout de suite qu'une mélancolie secrète était au fond de leur cœur.

III

— Comme ce sera long! dit-elle.
— Trente-cinq minutes au plus, le médecin t'a défendu d'y rester davantage.
— Oui, mais le temps de s'habiller après. Les femmes ne s'habillent pas aussi vite que les hommes.
— Mettons une heure de séparation en tout. C'est cruel, mais enfin il le faut, ma chérie.
— Et tu crois, Adalbert, que par nos belles relations, nous n'aurions pas pu obtenir une chambre à deux baignoires?
— Vous n'y pensez pas, vicomtesse, ce serait immoral et nous sommes dans un pays très collet monté. En France, peut-être, nous aurions trouvé ce paradis.

C'est ici le lieu d'épancher mon indignation. Les étrangers ont un fier toupet d'appeler Paris la moderne Babylone, et nos compatriotes en voyage sont de fiers crétins, s'ils ne s'aperçoivent pas que Paris, est la moins Babylone des capitales du monde civilisé. Il est vrai que le vice s'y étale en plein jour, qu'il est des quartiers où les ruffians et les filles tiennent la police en échec, ce qui n'est pas glorieux pour notre maréchaussée. Il est encore exact que les courtisanes occupent trop le haut du Bois, mais tout cela est fort innocent, en somme, à côté du vice hypocrite et sournois qui fleurit en Allemagne, en particulier, et dans tous les pays centraux qui l'enveloppent. Il ne faut pas prendre les mauvaises mœurs pour des vertus parce qu'elles portent des masques. Vous en allez juger tout à l'heure par l'étonnement qu'éprouvèrent M. et madame de Mimipartout.

C'est donc au bain qu'ils allaient et ils avaient choisi, bien entendu, un des plus beaux établissements de Genève : un parterre d'un charme monastique ; sur le devant, un édifice correct où tout respirait une rassurante austérité. Quand ils se présentèrent au bureau une bonne accompagna Hubertine du côté des dames et Adalbert fut conduit, par un domestique, du côté des messieurs.

Eh bien ! mes enfants, ce temple de la propreté était également voué, pour une part, au culte de Vénus, et il en est de ce genre sur tout le territoire de la Suisse. Ce n'était pas, comme sont quelques-uns à Paris, un simple lieu de rendez-vous. Mais des pensionnaires y étaient mis à la disposition des baigneurs, comme dans les maisons d'une autre espèce que nous avons la naïveté d'adorner d'un gigantesque numéro. Un perfectionnement nouveau y était même ajouté, et les deux sexes y pouvaient trouver une égale satisfaction.

IV

Le vicomte Adalbert était depuis dix minutes dans son bain. Un garçon de service, portant des favoris en nageoires et pourvu d'un fort accent anglais, entra sans être appelé, discrètement, et dit :

— Mossieu havé sonné ?

— Pas du tout, répondit Adalbert.

— Je croyé avoir entendiou le sonnement.

— Vous vous êtes trompé, voilà tout.

— Alors, vous n'havé besoin de personne ?

— Mais non, je vous remercie.

— Une jôlie personne, pour faire le plaisir à mister, après le baignement ?

Le vicomte rougit jusqu'au nombril.

Le garçon continua, imperturbable :

— Oh ! nous avoir ici, blondes, brunes, rousses et même négresses, pour les gentlemen qui sont dans le cécité !

— Misérable ! fit le comte, hors de lui, vous n'avez donc pas vu que je suis entré ici avec ma femme ?

— Je havè viou.

— Et vous avez pu croire que je me livrerais à la débauche, tandis qu'elle est là-bas toute seule...

— Oh ! no, avoir aussi quelqu'un pour medème !...

V

Comme j'achevais mon récit, j'aperçus Jacques qui riait sans en avoir entendu un mot, le nez planté qu'il avait dans son affreux bouquin parcheminé qui ne le quitte plus un instant.

— As-tu donc encore trouvé, lui demandai-je, quelque fable ancienne dans le goût de celle que tu m'as dite l'autre jour ?

— Certes, dit Jacques, et tu vas voir comme La Fontaine a pillé cet ancêtre inconnu.

Et il me lut cet apologue :

Deux trous causaient entre eux : La bouche dict : Ma foy !
   Je suys lasse et refuse à l'homme mon office.
Le derrière dict : Soyt ! j'avalerai pour toi,
Et, la seryngue aidant, je ferai ton service.

MORALE

On a souvent besoing d'un plus petit que soy.

IMPERTINENCE

IMPERTINENCE

I

Un grand bâtiment quadrangulaire, ayant, dans une rue du faubourg, sa façade en plein midi, une façade d'une déplorable régularité, avec des fenêtres fleuries çà et là de capucines et de clématites, mais dont les volets d'un vert criard mettaient un filet de vinaigre dans les yeux. La porte très large laissait, en s'ouvrant, voir une cour spacieuse où des hommes, en pantalons de treillis, brossaient des chevaux ; au-dessus, le drapeau tricolore. Dans ce bâtiment, tenant à la fois de la ferme et de la caserne, vous avez deviné, n'est-ce pas ? la Gendarmerie ; une bonne petite Gendarmerie de chef-lieu d'arrondissement, dans un des départements les plus paisibles de France. Aussi, tous ces bons Pandores avaient-ils des mines de chanoines et leurs coursiers débonnaires étaient-ils luisants d'embonpoint. Tout au plus avaient-ils à faire, chaque jour, une promenade hygiénique, d'où ils ramenaient, au petit pas de leur monture, quelques vagabonds trouvés sur le grand chemin et qu'ils engageaient paternellement à exercer plutôt quelque carrière libérale. Leur service se compliquait, il est vrai, au moment des assises qui les amenaient au chef-lieu, parader autour du palais de justice. Au demeurant, des militaires bien heureux, tous mariés, depuis le lieutenant, M. de Lamotochou, jusqu'au dernier soldat.

Un seul était veuf, le brigadier Martin, qui était bien l'homme le plus singulier du monde. Couvert de médailles et de chevrons, formidable à voir, avec sa moustache grise, l'air rébarbatif, cet homme qui avait fait vingt campagnes n'avait qu'une unique passion, celle de la tapisserie. Il fallait le voir, assis dans un coin de la cour, sur une chaise basse et les jambes légèrement croisées, occupé à couvrir un canevas de fleurs et d'oiseaux qu'il variait avec une inépuisable fantaisie. Sainte-Beuve a écrit ces deux vers :

> Il existe, en un mot, chez la plupart des hommes,
> Un poète mort jeune à qui l'homme survit.

Eh bien ! chez le père Martin, comme l'appelaient ses camarades, ce poète eût été, dans d'autres temps, quelqu'un de ces décorateurs patients dont l'œuvre, tramée à la main, nous fait encore rêver aujourd'hui. Il avait dans le cerveau toute une flore imaginative des printemps entrevus autrefois et où il avait sans doute aimé. En hiver, il travaillait à la lampe, ratatiné devant son feu, comme une vieille femme, avec de lourdes lunettes sur le nez. Il était généreux à l'excès de ses ouvrages, n'en acceptant jamais le prix, peignant des cabas pour les dames, des bretelles pour les hommes, des coussins pour les petits enfants; mais son véritable triomphe, c'était les pantoufles.

II

J'ai dit que la maison était une façon de phalanstère où des familles vivaient en commun. Tout naturellement était-elle donc pleine de fleurs, d'oiseaux, de chats, de chiens et de petits enfants. On y voyait même de grandes demoiselles que les jeunes gendarmes reluquaient en dessous. Parmi celles-ci, il fallait citer avant tout les trois filles du lieutenant de Lamotochou, lesquelles étaient les plus charmantes du monde, l'aînée ayant quinze ans et la plus jeune douze et ne se quittant d'ailleurs pas plus que les grains d'un chapelet ou les perles d'un collier. Elles formaient un délicieux bouquet de grâces féminines en bouton, quelque chose comme une de ces branches de rosier dont la plus haute fleur n'est pas encore épanouie, dont la plus basse n'est encore qu'un frisson de pourpre au bord de son vert étui. Bouquet varié et qui formait comme un échantillon des charmes les plus divers. Mademoiselle Lili était déjà brune, avec une allure de petite femme et portant haut la fierté d'un type aristocratique, celui de sa mère. Mademoiselle Zoé ressemblait, au contraire, à son père, lequel avait été un fort beau gars, mais d'une irrégulière beauté; tout annonçait, en elle, déjà une robuste fille et, le diable m'emporte, elle avait déjà de la gorge et des hanches nettement dessinées. Au moral, un vrai garçon, effroyablement tapageuse et n'ayant jamais gardé une poupée plus d'une heure sans lui avoir brisé la tête, pour le moins. La troisième, Bertrade, était un petit être ne procédant de personne, tout à fait personnel et original. Imaginez un visage mince et futé, des yeux d'un éclat extraordinaire et un nez, un petit nez surtout qui était à lui seul un poème et une physionomie. C'était un démon de malice. Au reste, toutes trois avaient la même occupation préférée : faire enrager le père Martin.

III

Et le vieux soldat, naturellement, ne les en aimait que davantage, car un des illogismes de la vie est que nous adorons surtout nos bourreaux : l'amour n'est, le plus souvent, qu'une application de cette loi aveugle.

A propos, nous n'avons pas encore parlé de la lieutenante, madame de Lamotochou, qui était encore une fort belle personne et portant au front l'orgueil d'une des plus anciennes maisons de Bretagne. Ce n'était pas par amour qu'elle avait épousé son mari, lequel portait, lui, toute autre chose au front que de l'orgueil. Mais elle était sans fortune et avait subi ce préjugé provincial qu'une fille sans fortune et bien née ne peut épouser qu'un militaire. La pauvre femme vivait mal à l'aise dans le milieu commun que la vie lui avait fait. Très polie, mais avec une nuance de dédain dans sa politesse, elle y tenait son rang, résignée, mais quelquefois avec un sourire amer aux lèvres. Elle en imposait aux femmes des inférieurs de son mari, lesquelles n'en parlaient jamais qu'avec respect, mais avec un fonds de haine envieuse.

Je vais vous apprendre une chose vraiment imprévue et extraordinaire. Eh bien! le brigadier Martin était amoureux fou de cette haute dame. Amoureux? Est-ce bien le mot qui convient? Sans doute, mais à la façon dont certains solitaires l'ont été de la Vierge, sans l'injure du moindre désir dans l'âme, avec une ferveur toute spirituelle, d'une passion recueillie, sans borne comme sans espérance. Une âme d'adolescent était revenue dans ce vieux corps, pour se complaire aux plus divins enfantillages de l'amour qui n'ose parler. Quand elle passait, il eût tout donné au monde pour aller baiser derrière elle la trace de ses pas. Il avait fait un reliquaire de toutes les fleurs flétries qu'elle avait portées un instant dans ses cheveux ou à son corsage. Des musiques célestes chantaient en lui quand il entendait seulement le son de sa voix, et c'est sur son cœur que frappaient les jolis doigts de la lieutenante, quand ils effleuraient, mélancoliquement, les touches de son piano. Plaisante qui voudra ces sottises sublimes. Mais si elles ne sont pas l'amour, elles sont, du moins, un peu de la poésie de l'amour.

Ce doux maniaque — c'est le père Martin que je veux dire — avait pu dérober à la défroque de la bonne de madame de Lamotochou une petite mule qui avait appartenu à cette dernière et qui donnait exactement la mesure invraisemblable du plus petit pied qu'on eût vu jamais. Dieu sait si le pauvre homme avait couvert ce rien de baisers, puis cette idée lui était venue d'user du renseignement que sa constance lui avait enfin fourni pour faire à l'objet de son amour une paire de pantoufles qu'il lui offrirait à l'occasion de sa fête. Un aussi modeste présent ne se saurait refuser et madame de Lamotochou, bien que fière, était trop bonne pour humilier un vieillard. Quant au lieutenant, il était certain qu'il ne devinerait jamais que cette broderie avait été exécutée point à point, avec d'ineffables tendresses, et que des larmes avaient ravivé quelquefois la couleur de ces laines.

IV

Le jour de la fête approche et l'ouvrage du père Martin n'est pas encore terminé. Ah! c'est qu'il a choisi le canevas le plus fin qui se fabrique et qu'il a dépensé toutes ses économies, pour se procurer les plus coûteux écheveaux et des nuances les plus délicates. Il a fait venir de Paris, à grand prix, ma foi! les derniers tons imaginés par l'invention des décorateurs sur étoffes. Sa palette dépasse en finesse celle de Boldini lui-même. Il se hâte donc, et se recueille, puis il se presse de nouveau.

> Vingt fois, sur le métier, il remet son ouvrage.

pour dire à peu près comme Boileau. Et quelle dépense d'imagination il a faite pour le dessin? On dirait une page du Paradou d'Emile Zola, traduite avec le bout de l'aiguille. Mais que le diable emporte ces trois maudites petites filles qui le viennent sans cesse agacer et déranger! Elles ont beau être les enfants de celle qu'il aime, c'est au fin fond des enfers qu'il les voudrait envoyer. Tenez! Les voilà encore toutes les trois, autour de sa chaise, le taquinant, lui brouillant ses laines, le forçant à causer, l'accablant des questions les plus saugrenues.

— De quelle couleur est ce point-là, père Martin?

— Rose, mademoiselle, répond le malheureux brigadier.

— Vous vous trompez, père Martin, c'est fraise écrasée, dit Lili, qui reçoit déjà un journal de modes.

— Et celui-là, père Martin?

— Marron, mademoiselle.

— Pas du tout, père Martin, c'est cuisse de nymphe, dit Zoé, qui ne savait trop ce qu'elle disait.

— Et celui-là, père Martin?

— Bleu, mademoiselle.

— Ah ! c'est trop fort, c'est lapis-lazuli, continue Lili, faisant décidément une débauche d'érudition.

Et celui-là, père Martin ?

— Jaune, mademoiselle.

— Pas du tout ! s'écria Bertrade ; c'est couleur du front à papa.

— Et celui-là, père Martin ?...

Pour le coup, le vieux militaire n'y tint plus, et comme l'indignation se trahissait en lui sous des formes subites où se retrouvait son éducation de caserne, il lâcha un forminable vent, un bruit sonore qui fit trembler les vitres, un souffle qui effaroucha les laines, et, d'une voix de tonnerre, aux trois petites filles stupéfiées :

— Et celui-là, mesdemoiselles, de quelle couleur est-il ?

CONTE INCONGRU

CONTE INCONGRU

I

On ne dira pas au moins que je prends mon monde en traître, et cette histoire n'est pas pour vous, marquise, qui n'entendez respirer que des roses autour de vous. Elle est pour les bons Gaulois de nature, dont la bégueulerie ne s'effarouche jamais et à qui je dois bien quelque chose pour ce qu'ils ont été mes premiers lecteurs et mes fidèles amis.

Nous voyagions, mon ami Jacques et moi, dans

l'admirable coin de France qui sépare Orange de Grenoble, et une particularité de la plupart des maisons frappa mes regards. Presque toutes, en effet, portaient, dans un encadrement de lierre ou de glycine, une légère construction annexe en bois, une façon de petit chalet faisant saillie à la hauteur du premier étage.

— Ce sont sans doute des pigeonniers, fis-je à mon compagnon de route.

— Je ne te souhaite pas, me répondit-il en souriant, d'élever les oiseaux qu'on y fait couver.

— Bête que je suis ! repris-je, ce sont des garde-manger.

Pour le coup, l'hilarité de Jacques fut à son comble.

— Je vais couper net, me dit-il, à la fantaisie de tes hypothèses. Tu veux savoir quel dieu on adore dans ces petites chapelles suspendues comme les jardins de Sémiramis ? Mettons que ce soit le dieu Crépitus, de bruyante mémoire, et je t'en aurai appris tout à fait la destination en te rappelant ces quatre vers d'un petit poème célèbre attribué à Émile Deschamps :

> Là, sous un bosquet de lavande,
> Chaque jour, vient quelque mortel
> Déposer sa timide offrande
> Qui fume et se perd sous l'autel...

— Alors, c'est le...

— Oui, c'est ce que les gens qui prononcent mal l'anglais appellent le Walter Scott, et remarque, ici, l'instinct pratique du paysan. Ce monocle prend vue sur le trou à fumier, afin que les regards qui y passent soient comme les rayons du soleil qui féconde tout sur son chemin. Seulement, c'est la lune qui regarde.

Et Jacques, après un moment de silence, continua :

— Ceci me remet en mémoire une aventure qui se passa l'an dernier, et dans laquelle une de ces petites forteresses, à l'artillerie inoffensive, joua un rôle tout à fait plaisant.

II

C'était au temps des grandes manœuvres qui se faisaient dans cette région et auxquelles j'ai pris la part glorieuse que tu sais puisque je faisais partie du corps d'armée qui s'empara de Voiron après une résistance héroïque et prévue. On n'avait rien vu de pareil depuis le siège de Pampelune. Comme toujours, la campagne était infestée d'espions. Cette fois-ci c'étaient les Italiens qui dominaient à cause du voisinage des Alpes. Car, si nous avons encore, quoi qu'on en dise, de fervents amis en Italie, et dont le sang latin se révolte contre toute alliance avec les races barbares, nous y comptons aussi beaucoup de bâtards et de rénégats dont le plus grand souci est de ressembler en tous points aux Germains, éternels ennemis de tous les proscrits d'Athènes et de Rome. Ceux-là singent à l'envi les nobles habitudes de nos voisins d'outre-Rhin, et volontiers viennent-ils chez nous, déguisés en touristes, manger notre pain et se renseigner sur nos moyens de défense.

Un de ces drôles, que nous appellerons, si vous le voulez, Métoncula, errait donc dans la campagne, muni d'un de ces appareils photographiques qui reproduisent instantanément l'aspect des choses sur de microscopiques clichés que le grandissement seul rend distincts. Celui-là avait un double but. Ambitieux, il entendait faire sa cour personnelle à M. Crispi en apportant au ministère de la guerre de son pays des renseignements curieux et inédits. Amoureux, — c'est sa seule excuse — il espérait arriver ainsi à une petite situation officielle qui lui permît d'épouser la signora Lucrezia Ventalani, fille du riche hôtelier Giuseppe Ventalani, laquelle était inexorablement maîtresse de ses sens et de son cœur.

Notre Métoncula, que Dieu confonde, était donc en observation véhémente pendant que nos bataillons s'ébranlaient, que le canon tonnait sur les cimes, et que les cavaliers roulaient derrière eux de grands nuages de poussière que dorait le soleil.

Une maison que je te signalerai tout à l'heure — car on peut la voir du chemin que nous suivons, — dominait le champ de bataille. Placée à mi-côte, adossée, pour ainsi parler, à la montagne, elle était comme une première loge devant ce belliqueux spectacle. Comme toutes celles que tu remarquais tout à l'heure, elle portait au flanc cet appendice dont je t'ai dit l'utilitaire destination, avec cette particularité qu'une tempête récente en avait détaché deux ou trois planches, si bien que ceux qui venaient y faire leur sacrifice montraient aux passants les joues du grand-prêtre qui officie en pareil cas.

III

Métoncula, qui était ingénieux et à qui sa jumelle de précision avait fait distinguer cette maison entre toutes, s'était dit que l'état-major français la ferait occuper certainement par des officiers prenant des notes sur les différentes péripéties du combat. C'était sans doute une façon d'observatoire que le chalet ainsi posé au flanc du bâtiment. Ce qui le confirma dans cette opinion, c'est qu'en se servant d'une lunette plus puissante encore, il vit se succéder, à une lucarne de cet observatoire, des choses roses qui lui parurent être des visages.

— *Per Bacco!* s'écria-t-il, si je pouvais rapporter les portraits de tous ces généraux-là qui sont sans doute les plus malins de l'armée française! quelle mine inépuisable de renseignements! Et dans quelle faveur me trouverais-je auprès du cabinet (il ne savait pas si bien dire) pour avoir conçu cette idée que personne n'eut avant moi! Oh Lucrezia! tu seras bientôt ma femme, et tous deux nous tiendrons l'hôtellerie de ton digne père, cet excellent Ventalani qui sera certainement crevé d'une indigestion. Je t'aurai à mes côtés, ma mignonne, non pas seulement au comptoir où nous ferons délicieusement passer de mauvaises pièces, mais dans le lit blanc saupoudré d'iris de Florence, où je me griserai de tes charmes délicats !

Sur cette lyrique apostrophe, Métoncula braqua son petit appareil photographique et, en moins d'une heure, il eût relevé une vingtaine de visages qui s'étaient succédé à la mystérieuse croisée du chalet, que nous n'hésiterons pas à appeler chalet de nécessité. Toutes ces images étaient, comme je l'ai dit, microscopiques, et le grandissement seul permettrait d'y distinguer quelque chose. Il rassembla cette petite collection et l'enferma jalousement dans l'obscurité de son portefeuille.

IV

Il est bon de te dire ce qui se passait pendant ce temps dans la maison soumise à ces attentives recherches. Elle était habitée par la veuve Cabi, née d'Hézences, une excellente dame, mère de huit enfants. Elle avait invité pour ce jour-là tout ce qu'elle avait de parents dans le voisinage. Or, bien que feu Cabi eût été dans son temps un héros, toute cette famille était remarquable par son penchant à la frousse, j'entends qu'on y était poltron comme la lune. Le bruit du combat, l'ébranlement du sol sous les cavaliers, le crépitement des feux de pelotons, la voix puissante du canon tonnant entre les collines, tout cela produisit sur ces braves gens une impression telle qu'une colique générale se déclara dans la maison. Les voilà tous se ruant au *buen retiro* dont j'ai dit la place, s'impatientant à la porte, se retournant violemment dans l'échancrure des planches et montrant tour à tour leur derrière à la meurtrière que ne quittait pas l'objectif de Métoncula.

C'était donc les portraits de ceux-ci que notre espion recueillait pieusement pour servir à la fois sa patrie et sa propre fortune.

Le lendemain il remettait mystérieusement ses clichés au photographe officiel du ministère de la guerre à Rome, en le priant d'en faire un double grandissement, dont l'un serait adressé de sa part à M. le chef du cabinet, et l'autre à son futur beau-père, l'hôtelier Ventalani, à qui il voulait faire une agréable surprise.

Le photographe officiel obéit ponctuellement. Un album fut solennellement mis aux pieds de M. Crispi, avec une lettre explicative et remarquablement plate de Métoncula, que celui-ci avait remise par avance à l'expéditeur. Un autre arriva par la poste à l'excellent Ventalani, justement en train de confectionner un *stofatto*.

L'effet fut double et foudroyant. Notre drôle reçut du ministère une épître qu'il n'eut envie de montrer à personne. Mais ce qui se passa chez l'hôtelier fut bien autrement extraordinaire. Dans le portrait postérieur de la veuve Cabi, née d'Hézences, Ventalani ne reconnut-il pas un fessier — le plus gros de la France entière — qu'il avait autrefois passionnément aimé durant un séjour qu'il fit dans notre belle patrie. Le fidèle et reconnaissant aubergiste s'informa, força Métoncula à avouer, retrouva la piste de la veuve, et, comme il était veuf aussi, l'épousa tranquillement, ruinant ainsi une bonne partie des espérances de fortune de la pauvre Lucrezia.

Ainsi Métoncula perdit en même temps l'estime de son gouvernement et sa riche fiancée. Voilà une bonne leçon pour tous ceux qui font le même métier que lui.

LE TOUT PETIT FAUST

LE TOUT PETIT FAUST

I

Dans son élégant coupé, tendu de satin bleu ciel, avec une toison de neige chaude sous les pieds, la belle comtesse Diane de Néré est assise auprès de son noble époux, et tous deux suivent, au trot cadencé de deux alezans superbes, le chemin qui sépare leur hôtel du théâtre de l'Opéra. Ils viennent de franchir la Seine, dans cet éblouissement de lumières, brillantes sur les rives et frémissantes dans l'eau, qui font ressembler ce passage à la traversée d'une constellation. Autour d'eux se sont subitement dressées les ombres du vieux Paris, pareilles à des nuées courant sus à cette éclosion subite d'étoiles.

A la clarté fantastique de ces flambeaux, le comte a admiré le délicieux profil de sa femme soudainement éclairé comme dans une apothéose, et doucement, lui a-t-il pris la main pour y déposer un baiser sur la blancheur mate et tiède du gant que constelle le diamant d'un lourd bracelet. Mais la comtesse a retiré sa main, et ses jolies lèvres ont dessiné, dans la pénombre, une imperceptible moue.

Voilà, me direz-vous, un bien insuffisant portrait de cette aristocratique personne. Je le complèterai bien vite en vous disant que la comtesse Diane de Néré était brune, avec des yeux d'un bleu sombre, un teint d'une blancheur immaculée, un nez correct, un sourire ayant des dédains adorables, et, par-dessus tout, ce grand air de race qui donne à la beauté comme un parfum orgueilleux de lys. Justement était-elle vêtue d'une toilette blanche, moulant, avec une fidélité sculpturale, les fermes rondeurs d'une poitrine jeune, et cette glorieuse saillie des hanches qui est, comme la fleur, largement ouverte du désir. Dans un véritable duvet de cygne étaient perdus ses petits pieds, et de rares et magnifiques bijoux éclataient dans la nuit parfumée de sa chevelure. Quant à M. le comte de Néré, c'était un gentilhomme correct, habillé suivant les rites à la mode, et d'ailleurs, sincèrement amoureux.

II

Pourquoi, s'il vous plaît, cette bouderie entre deux époux comptant à peine six mois de mariage ? En apparence, cette journée s'était passée comme toutes les autres, dans un long échange de tendresses jamais lassées. Comme à l'ordinaire, on avait projeté, pour quatre heures, une promenade en voiture à travers les allées du Bois. Comme à l'ordinaire aussi, l'alanguissement avait paru si doux sur la large causeuse où l'on s'était étendu côte à côte après le déjeuner, qu'on y était demeuré jusqu'au dîner, dans les mystérieuses délices de ce farniente à deux qui n'est un repos que pour les imbéciles. Vous n'espérez pas que je vous donne, par le menu, l'emploi de ces heures courtes et longues à la fois, dans la lumière douce que les rideaux tamisent et qui permet de se voir comme à travers le voile charmant d'un rêve. Sachez seulement que les nouveaux mariés, dignes de quelque intérêt, le préfèrent absolument à un tour dans l'avenue des Acacias, à travers les filles fardées et les godelureaux cavalcadant dans les allées latérales, spectacle odieusement monotone et qui montre combien les Parisiens sont peu difficiles en matière de distraction, et quand j'ai dit : les jeunes époux, les simples amants peuvent essayer de cette recette délicieuse, économique et apéritive par-dessus le marché.

Eh bien! ce jour-là, la comtesse avait quitté le long divan, sans se répandre en effusions reconnaissantes, comme elle en avait l'habitude, et c'était avec une impatience inaccoutumée que M. le comte avait sonné pour demander si le dîner était bientôt prêt.

III

On jouait *Faust* ce soir-là à l'Opéra, un de ces bons petits *Faust* de famille où se reconnaît la cordialité toulousaine et l'habitude de recevoir son monde à la fortune du pot; un de ces petits *Faust* sans cérémonie avec des chanteurs pas bien chers et, comme plat de résistance, le début d'une Marguerite à deux cents francs par mois, et n'ayant des traditions de madame Carvalho que la robe blanche et les deux nattes caressant les reins. Ce n'est peut-être pas assez pour la musique de Gounod, laquelle a prodigieusement idéalisé l'héroïne de Gœthe : mais c'est certainement suffisant pour représenter cette curieuse demoiselle insensible aux bouquets de fleurs d'un délicieux adolescent, mais très sensible, en revanche, aux bijoux qu'un monsieur plus calé lui offre pour avoir raison de sa vertu. Je suis convaincu qu'en France nous trouverions facilement, pour un traitement mensuel de cinq louis, beaucoup de personnes capables de cet acte de désintéressement. Seulement, nous n'en ferions pas les types de l'honnêteté virginale. Il paraît que l'idéal des

Allemands, sur ce point, est moins difficile à satisfaire que le nôtre.

On en était au moment où Faust profite si mal des dispositions déjà si bienveillantes de la douce Marguerite. M. le comte de Néré qui avait gardé, jusque-là, un sérieux du meilleur ton, se mit tout à coup à crever de rire dans son mouchoir.

— Qu'est-ce qui vous prend, Olivier? lui demanda la comtesse, très interloquée.

— Oh! rien, une idée saugrenue!

— Dites-la-moi, je vous prie.

— Non, c'est vraiment trop bête.

— Vous vous calomniez, j'en suis sûre, et je vous prie en grâce de me dire ce qui vous amuse tant.

— Vous le voulez? Non! c'est enfantin, ridicule et presque inconvenant.

Si vous y tenez, cependant, ma chère, voilà. Je pensais tout à l'heure au nez que feraient les spectateurs, si, pendant que cet imbécile de Faust perd tant de temps, je descendais sur la la scène dans mon bel habit noir à la française et j'entourais de mes bras Marguerite, au milieu de ses roulades, pour lui faire tout bêtement, à la hussarde, et sur le banc de son jardin, ce dont elle meurt d'envie.

— Fi! Olivier, voilà une idée vraiment saugrenue et que vous auriez mieux fait de garder pour vous! fit la comtesse avec un petit air de pudeur offensée.

IV

L'œuvre suivait son cours. Dans le décor, sombre et éclatant tout ensemble de la nuit du Walpurgis, Mephistophélès faisait défiler devant son ami les déesses et les héroïnes antiques dont Faust ne tirait d'ailleurs pas meilleur parti, au point de vue amoureux, que de Marguerite elle-même. Quand ces bonshommes d'Allemands ont fait un enfant à une fille, ils croient avoir rendu à l'amour tous les hommages qui lui sont dus. C'est une erreur grave. Donc, tour à tour, Hélène et Aspasie avaient passé sous les yeux du philosophe rajeuni ; tout à coup madame de Néré porta aussi son fin mouchoir à sa bouche, réprimant à grand peine un éclat intempestif d'hilarité.

— Mon Dieu ! qu'avez-vous, comtesse ? dit son mari, tout à fait surpris.

— Rien ! rien ! fit-elle.

— Mais encore ?

— Eh bien ! je pensais, moi aussi à votre idée de tout à l'heure.

— C'est lui faire trop d'honneur vraiment.

— Non ! non ! je vous assure qu'elle est plus drôle que vous ne le croyez vous même.

— C'est me flatter.

— Non pas. Ainsi je me représentais la scène que vous m'avez décrite vous-même et je me demandais quel nez vous feriez à votre tour si, après vous avoir applaudi, les spectateurs vous criaient bis !

L'IGNIFUGE MISTROUQUETTE

L'IGNIFUGE MISTROUQUETTE

I

Ce soir-là, M. Ploque, l'aimable régisseur de la danse à l'Opéra, était plein de mélancolie.

— Qu'avez-vous, mon ami ? lui demanda en entrant le pharmacien Mistrouquette.

M. Ploque frappa la table de son poing.

— Étranges créatures que les femmes, dit-il. A leur coquetterie, elles sont prêtes jusqu'à sacrifier l'instinct de la conservation. Tenez, mon cher, vous savez à quel point la question des incendies au théâtre préoccupe l'administration et le gouvernement. On ne remarque pas, il est vrai, que si le feu prenait ici en particulier, il n'est pas une des femmes charmantes dont l'amphithéâtre est rempli qui ne fût destinée à une mort certaine. Ce magnifique éventail de chairs roses, de fleurs et de diamants, est voué à la mort la plus effroyable. Mais on se gardera bien de toucher pour cela à l'étui monumental de l'escalier dont Garnier est l'auteur et le conservateur, tout ensemble, ce qui donne une singulière idée de la façon dont on entend le contrôle aux Beaux-Arts. En revanche, il n'est si petit détail qui ne donne matière à des précautions infinies. Vous n'imaginez pas ce que le grave sujet de l'ininflammabilité du tutu des danseuses a suscité de travaux. Je conviens que cet étui-là contient quelque chose de plus précieux que celui dont je parlais tout à l'heure. Le derrière de ces demoiselles est un objet sacré dont le salut doit passer avant tout. On a déjà inventé, pour le moins, une douzaine de liquides merveilleusement ignifuges, presque aussi ignifuges que les allumettes de la régie elle-même. Eh bien! il est impossible de forcer ces péronnelles à ne porter que de la gaze trempée dans quelqu'une de ces précieuses liqueurs. Et vous ne devinerez jamais pourquoi, mon cher Mistrouquette? Tout simplement parce que ce bain salutaire diminue la souplesse de l'étoffe, nuit à la grâce flexible du tissu et lui donne à la longue un peu de la raideur empesée du madapolam. Non! Elles préfèrent mille fois avoir les *sots-l'y-laissent* grillés. Votre fille, la charmante Élodie, est la seule qui se soumette aux règles prescrites sur ce point. Aussi ses camarades se moquent-elles d'elle et les vieux abonnés bougonnent-ils derrière les bouts luisants de leurs lorgnettes.

— Mon cher Ploque, fit en se levant le pharmacien Mistrouquette, je trouverai le remède à ce mal et vous aurez de mes nouvelles bientôt.

II

M. Mistrouquette avait donc une fille danseuse à l'Opéra. Élodie, qui avait seize ans, n'en était pas moins un ange de vertu. On a beaucoup trop médit des dames de la danse. Ceux qui les croient vouées, par surcroît, au culte de Vénus, ne savent pas à quel point celui de Terpsichore est exigeant. Allez donc demander de l'amour à de pauvres filles qui répètent depuis neuf heures du matin et exécutent jusqu'à minuit le plus fatigant des exercices. J'imagine qu'elles paient le plus souvent en monnaie de singe les dettes de la passion et ce n'est pas moi qui leur en ferai un crime, étant donnée la classe intéressante de leurs adorateurs. Mais il y avait d'autres raisons pour qu'Élodie fût particulièrement sage. C'est à une véritable vocation qu'elle avait obéi en entrant dans la chorégraphie. On n'est pas née à Bordeaux pour rien. Son père qui avait été, simple matassin encore, un des plus fidèles habitués du théâtre Louit, avait été tout glorieux des goûts artistiques de sa fille, et sa mère, qui était une bonne petite dinde de province, avait fait chorus aux encouragements de son mari.

Cette Élodie avait eu, du reste, parfaitement raison de choisir, pour se montrer dans le monde, le costume léger des dames de ballet. Car elle était faite à ravir et n'avait à se reprocher — faute aimable ! — qu'un séant plus malaisé à soulever que ne l'eussent voulu ses aériennes fonctions. Vous savez maintenant pourquoi les amateurs de belles jambes étaient si furieux que cette docile pensionnaire portât des jupons trop épais. Or, c'est seulement l'opinion de ceux-là et non pas celle des pauvres mélomanes qui préoccupe la lyrique direction de notre première scène musicale et dramatique.

En rentrant ce soir-là dans son laboratoire, M. Mistrouquette avait un air vraiment prophétique et inspiré. Le grand problème s'était dressé devant lui comme le Sphinx devant Œdipe, mais il n'était pas aveugle et il avait son idée. La chimie n'avait pas de secret pour lui. Avant huit jours il aurait trouvé une mixtion rendant jupes et tutus inattaquables à la flamme, tout en augmentant au contraire la souplesse, la transparence et l'arachnéenne fantaisie de ces heureux tissus.

III

Ce fut une période mémorable dans les annales pharmaceutiques du quartier. M. Mistrouquette, qui n'avait pas d'élèves et dont la tête était toute à son invention, commit les plus regrettables bévues. Il boursoufla les flatulents, resserra les constipés, exaspéra les fiévreux, calma les comateux et fit crever, dans cette simple semaine, vingt-sept ou vingt-huit bourgeois innocents. Les héritiers le bénirent, les Pompes funèbres burent à sa santé. Personne ne fut assez bête pour porter plainte. A quoi cela eût-il servi. Il n'avait pas fait de petites figures nues dans les journaux illustrés, il était sûr d'être acquitté. Il existe, d'ailleurs, entre la médecine et la pharmacie une douce complicité qui met messieurs les apothicaires à l'abri des conséquences de leurs plus fatales erreurs. Ce n'est pas sans savoir pourquoi que tous les médecins écrivent si illisiblement.

Après ces huit jours de Saint-Barthélemy par les armes courtoises, dites seringues et potions, M. Mistrouquette était arrivé à son but. Il avait découvert le liquide rêvé. Ce n'était pas seulement pour l'étoffe un préservatif, c'était un vaporisateur qui lui donnait la légèreté d'un nuage.

Quand sa femme, en se mettant au lit, lui demanda timidement si quelque fantaisie conjugale ne lui venait pas, M. Mistrouquette, tout à son idée, lui répondit :

— Le diable lui-même n'y pourrait pas mettre le feu.

Puis, doucement, bourgeoisement, la tête dodelinant sur l'oreiller, au lieu de se livrer à toutes les petites malpropretés que permet le mariage, il raconta à son épouse son plan. On donnerait une soirée à laquelle assisteraient les notabilités de l'Opéra et où Élodie apparaîtrait enculottée de ces gazes merveilleuses, dans un petit ballet de famille composé pour la circonstance, où figurerait aussi son fiancé Agénor, son camarade de danse à l'Opéra. L'idée du divertissement était tout à fait nouvelle. Élodie représenterait Psyché et Agénor, déguisé en Amour, s'avancerait son flambeau à la main. Désespérant d'incendier le cœur de la cruelle, il essaierait avec cette torche de lui mettre le feu au derrière. C'est à ce moment que l'incombustibilité parfaite des jupes et du maillot serait démontrée pour tout le monde.

Madame Mistrouquette, enthousiasmée, serra son mari dans ses bras ; elle s'y prit maladroitement sans doute, car un instant après, elle portait dans ses flancs de mère ce qu'on appelle familièrement à l'Opéra « un petit Pedro ». Fâcheuse affaire pour Agénor, qui avait espéré épouser une fille unique.

La semaine qui précéda la soirée du pharmacien fut plus meurtrière encore pour le quartier que celle où M. Mistrouquette avait incubé son idée. Une quarantaine d'enfants furent vaccinés avec des virus provenant de la fabrique de M. Pasteur et sé mirent à mordre furieusement le sein des nourrices. Mais cette catastrophe, purement locale, n'émut ni la presse, ni le gouvernement, et le soir mémorable arriva où l'ignifuge Mistrouquette devait triompher à la face d'un public bourré de sirop de groseille et de petits gâteaux.

IV

L'assistance se pressait dans un désordre de chaises entrant leurs angles dans toutes les cuisses. M. Ploque occupait une place d'honneur. Messieurs les directeurs de l'Opéra, ayant à réduire les appointements d'un artiste, s'étaient fait excuser. Le moment du ballet de famille était venu. Une estrade avait été dressée pour cela dans le fond du salon, éclairée à droite et à gauche de feux rouges et verts par les bocaux de la boutique laborieusement enlevés de la vitrine tout exprès. Cela faisait un effet fantastique destiné à frapper les esprits faibles. Élodie fit une entrée remarquablement pudique ; car, en Psyché qu'elle était, elle portait un long voile rendu ininflammable comme tout le reste de son costume. Agénor était orné d'un bandeau tendu sur un œil seulement, afin de se pouvoir diriger sur cette scène improvisée. Différents pas, sauts de grenouille et autres mistouflles chorégraphiques préparèrent habilement l'effet final. Un seul accident troubla le début de la représentation : le pianiste qui, était myope, laissa tomber son râtelier sur le clavier et se mit à jouer désordonnément sur ses dents, ce qui diminua les quintes dans une proportion dont Wagner lui-même, aurait été troublé. Les coliques du chat de la maison, qui s'était imprudemment désaltéré dans le bocal de sulfate de cuivre, pendant le transport de celui-ci, mêlèrent les harmonies sauvages de miaulements désespérés aux trémolos du clavecin annonçant les libidineux projets d'Agénor-Amour.

Comme le lui prescrivait son rôle, celui-ci, désespéré, exprima sa détresse à la façon des canonniers qui approchent la mèche de la lumière. Le flambeau passa derrière Pysché. Je dois dire, pour rendre hommage à l'éducation de cette jeune fille, que le canon ne partit pas ; mais un spectacle inattendu, inouï, s'offrit aux yeux des invités. Mademoiselle Élodie Mistrouquette apparaissait complètement nue. Son apothicaire de papa avait été au delà de son rêve. Non seulement les tissus trempés dans son ignifuge ne devenaient ni plus opaques ni plus lourds, mais complètement transparents et pareils au manteau invisible du joli conte d'Andersen, sitôt qu'on en approchait la flamme. Avec la netteté d'une ombre chinoise, se dessinèrent sous les regards les harmonieux contours d'Élodie, les lignes tentantes de ses seins, la voluptueuse courbe de son ventre, l'irrésistible saillie de son siège naturel. Ce fut un murmure d'admiration traversé par les cris de détresse de M. Mistrouquette et de sa femme, les pieds empêtrés dans la chute d'un plateau et hurlant comme des possédés, tandis que les camarades d'Élodie, conviées à la fête, se tordaient de rire.

Savez-vous ce qu'il advint de cet accident? Le propriétaire de la maison, un des spectateurs, l'opulent M. Bistouille, veuf et millionnaire, s'éprit du coup de mademoiselle Mistrouquette, et demanda, séance tenante, sa main à son père. Agénor-l'Amour, exaspéré, et se rappelant comment il devait exprimer sa douleur, passa le flambeau sous ses propres culottes; mais celles-ci, qui ignoraient l'ignifuge Mistrouquette, prirent diaboliquement feu, et le pauvre garçon eut au derrière une brûlure sur laquelle le pharmacien, toujours distrait, appliqua un thapsia, ce qui le fit mourir dans d'horribles tourments.

Cela fera toujours un danseur de moins. En chorégraphie, comme en amour, tout pour les demoiselles!

LA LÉGENDE DE LA TULIPE

LA LÉGENDE DE LA TULIPE

J'ai toujours rêvé, au temps de mes orages, de devenir dans mon âge mûr un horticulteur sérieux, n'aimant plus que les espérances en bouton et les promesses épanouies de son jardin. Mais, va te faire fiche ! il a constamment passé des femmes derrière mes haies, et j'ai laissé choir ma sarclette pour les regarder passer, parce qu'elles étaient plus glorieuses que les roses et plus blanches que les jasmins. O mon rêve tranquille de jardinier ! comme elles t'ont piétiné, les méchantes, avec leurs fines bottines et leurs souliers galants! O mélancolique arrosoir, qu'elles ont rempli de mes larmes! En vain, j'ai voulu me faire portraicturer, le coude sur une bêche, un large chapeau de paille sur le front, en manches de chemise et en sabots! Je suis demeuré le cavalier au cœur saignant dont se moquent les belles filles.

Et cependant, quelle vie calme et douce j'entrevoyais dans l'amour innocent des rosacées et des liliacées! Jamais les monocotylédones ne m'eussent trahi! La botanique a des martyrs et non pas des cocus. Je me fusse ruiné pour les oignons et pour les caïeux qui, au moins, me seraient demeurés fidèles. J'aurais fait crever de jalousie mes voisins après leur avoir inspiré les mêmes goûts qu'à moi-même. Être un *Fou-Tulipier*, comme ceux d'Amsterdam et de la Haye, au temps où le cordonnier Hans Finck découvrait, dans la boue d'une botte éculée, le précieux tubercule d'où sa fortune devait jaillir avec la verte tige d'une tulipe hors de prix! Être *Fou-Tulipier* et n'avoir que des regards de dédain pour les périssables beautés de la femme! Mépriser les grâces exquises d'un corsage et la troublante splendeur des hanches arrondies; faire : Pouah! devant deux petites mains blanches et : Fi! devant deux pieds mignons et cambrés! O mon cœur, quelle métamorphose! Moi, *Fou-Tulipier!*

.*.

Mais je n'en suis pas là. Vous y avez mis bon ordre, madame, et voici que les jours de maturité virile que j'avais promis aux calmes occupations du jardinage, je les donne, grâce à vous, aux tortures de l'amour, d'un amour plus soucieux et plus cruel que tous ceux dont j'avais cru souffrir. Entre mon rêve de sérénité et ma faiblesse, vous avez passé triomphante et c'en a été fait du repos du reste de ma vie. Car maintenant, le jardinage ne voudrait plus de moi. Et c'est par une similitude de goûts que vous m'avez conquis. Car vous aussi vous adorez les fleurs, et nos premières causeries ont été tout entières aux vertus modestes de la violette, au charme glorieux de la rose. Jamais amants à venir n'eurent conversation plus innocente. Nous nous attendrissions sur les myosotis et nous louions la chasteté du lys avec une sincérité touchante. Un jour, il advint que vous me semblâtes plus belle à la fois que les lis, les roses, les myosotis et les violettes dont vous parliez avec tant de tendresse. Au parfum de toutes ces fleurs, qui me semblait le vôtre, se mêla je ne sais quel encens qui montait de mon cœur vers vous et l'emportait tout entier jusqu'à vos pieds. La splendeur des jardins et des bois où nous marchions ensemble disparut à mes yeux, et comme la brume dorée du couchant où meurent les visions du paysage, votre image les emplit seule de ses rayonnements.

Je ne serai plus jamais *Fou-Tulipier*, madame ; quand je vois maintenant de magnifiques fleurs, au lieu du culte religieux dont j'avais juré de les entourer, je n'éprouve que la sacrilège envie de les couper pour vous les offrir. Hier, j'ai vu la première tulipe de l'année et je n'ai pas eu d'autre pensée. Malheureusement, son propriétaire veillait sur elle avec une féroce jalousie. Elle était blanche avec des mouchetures rouges et ressemblait à un calice où j'eusse aimé verser tout mon sang pour vous.

*
* *

Je veux vous apprendre, au moins, la légende charmante de la tulipe, telle que me l'a contée un orientaliste savant, un soir que nous devisions à Haarlem dans la solitude des parterres aujourd'hui abandonnés Elle est, à mon avis, infiniment plus poétique que celle du narcisse, outre qu'elle est moins connue. Et, comme mon propre exemple, elle prouve que l'amour pousse toujours l'homme vers quelque abîme et que les vrais sages sont les imbéciles qui ont peur de cet abîme-là. Tel n'était pas le doux Hamsah, premier ministre du roi Kander, lequel venait d'instituer, en 1457, la dynastie des Turcomans, laquelle devait assurer le bonheur de la Perse durant un nombre considérable d'années.

Vous voyez, ma chère âme, que je ne manque pas d'érudition à l'occasion. Cet Hamsah ne ressemblait en rien à nos ministres occidentaux et contemporains, gens férus de politique et qui n'ont pas leurs pareils pour barboter savamment dans leurs budgets, comme font les canards dans la mare natale, en secouant leurs plumes et en faisant : Coin! coin! orgueil du parlementarisme moderne, gloire des cabinets qui se suivent et où ils ne laissent guère que du papier. Non, Hamsah manquait de goût pour les virements de crédit. En revanche, il adorait les femmes, et le meilleur du temps qu'il consacrait au service de l'Etat, se passait à envoyer des baisers aux blanchisseuses du palais. Le roi Kander qui était, au fond, presque aussi bonhomme que notre M. Grévy, souriait tout en le regardant faire. Tout au plus, le soir, en se couchant, disait-il à madame Kander :

— Sapristi! si le Richelieu qu'attend la France est de cette farine-là, je plains joliment mon collègue Louis XIII.

— Vous avez raison, mon ami, répondait l'excellente femme. Son inconduite ne nous regarde pas. Occupons-nous, nous, de continuer à fonder la dynastie qui fera l'honneur de notre belle patrie.

***

Et, par-dessus le marché, Hamsah faisait des vers. C'est ainsi qu'un jour, ayant profité d'une séance orageuse de la Chambre des députés persans pour aller composer des virelais dans la campagne, il grattait mélancoliquement sa guzla en soupirant:

> Je veux que le Matin l'ignore,
> Le nom que j'ai dit à la Nuit,
> Et qu'au vent de l'aube sans bruit,
> Comme une larme il s'évapore.

> Je veux que le jour le proclame
> L'amour qu'au matin j'ai caché,
> Et, sur mon cœur ouvert penché,
> Ainsi qu'un grain d'encens l'enflamme.

> Je veux que le couchant l'oublie
> Le secret que j'ai dit au jour
> Et l'emporte, avec mon amour,
> Aux plis de sa robe pâlie !

Tout à coup sa guzla lui glissa le long de la cuisse et ses deux mains se joignirent dans un geste indicible d'extase. Une jeune fille avait passé devant lui, au bord d'un ruisseau, qui était infiniment plus belle que toutes les repasseuses du linge royal. Ses cheveux noirs flottaient sur ses épaules blanches comme, au soir, l'ombre grandissante d'une colline sur un champ de lys. Ses yeux avaient le rayonnement pâle et attirant des étoiles que l'aube surprend et qui semblent mourir dans la lumière. Après un instant de contemplation muette, le jeune ministre voulut s'aller jeter aux pieds de cette admirable créature ; mais, derrière les saules dont le rideau semblait s'être refermé, il ne trouva plus que l'eau chantante et coulante pleine du mirage du ciel. La vision avait disparu. L'éternelle Galatée avait fui, se voyant regardée. Dès ce jour, Hamsah se mit à enjamber les fossés, à franchir les sauts de loup, à escalader les raidillons, à dégringoler les descentes, poursuivant sa chimère, les poumons aux lèvres, haletant comme un cerf forcé.

Le soir, le roi Kander disait à la reine en ouvrant les draps :

— Voilà encore cet animal d'Hamsah qui découche. Avec un cent de ministres comme ça, on ne ferait jamais un grand ministère.

— Ne vous faites donc pas de bile, Gogol, répondait madame Kander, et remettons-nous à fonder la dynastie qui fera le bonheur de notre belle patrie.

.˙.

Hamsah dormait au fond d'un précipice. Il y dormait le sommeil que ne réveillent plus les clairons de l'aurore, tenant dans sa main crispée une tulipe blanche qu'il avait arrachée dans sa chute et dont les pétales étaient zébrés de clairs filets de sang. Le roi Kander lui fit de magnifiques funérailles et, en souvenir de ce premier ministre modèle, qui ne l'avait jamais embêté avec des paperasses, il ordonna que le jardin royal fût planté de tulipes blanches. Mais, par un miracle, sur toutes les fleurs le sang d'Hamsah reparut dans la blancheur des corolles, et celle que je vis hier était certainement de cette famille-là. N'est-ce pas qu'elle est jolie cette fable, ma chère ? Et maintenant, considérant qu'au temps où nous sommes nul ne sait si ses enfants ne régneront un jour sur son pays, je vous dirai, mon amour, comme cette excellente madame Kander :

— Si nous nous remettions à fonder la dynastie qui, peut-être, fera le bonheur de notre patrie ?

FLIRTATION

FLIRTATION

I

Elle était blonde, d'un blond pâle comme la caresse d'un soleil d'hiver sur un mur blanc et son teint avait les fraîcheurs rosées de l'aubépine dans les haies printanières. La profondeur de ses yeux bleus était sablée d'or fin comme les sources, et ses longs cils y faisaient palpiter leur ombre comme des roseaux. Jamais arc triomphal n'égala l'orgueil de sa bouche aux coins retroussés et son menton légèrement dodu avait les ondulations éclatantes d'une cascade de lait. Grande comme la plupart des filles de sa race, on sentait mille mensonges aimables dans la sveltesse de sa taille et les colères d'un torrent prêt à rompre ses digues se devinaient dans les chastes contours de son corsage. Ses mains n'étaient pas précisément petites, mais le dessin en était élégant comme une ébauche du Primatice, et le peu qu'on voyait de ses pieds, ridiculement prisonniers dans de fastueuses bottines, donnait la même impression de noblesse dans la ligne. Sa voix avait le charme des musiques sauvages, et son rire la gaieté d'un solo de castagnettes. Edith était son nom.

Sa mère avait dû lui ressembler, mais l'aubépine de ses joues était violemment bariolée de couperose; d'automnales araignées avaient tendu quelques fils d'argent sur l'or de sa toison, et les révoltes de sa gorge captive n'avaient plus rien de mystérieux. Ses extrémités s'étaient notablement empâtées, et l'art d'accommoder les restes n'eût pas été inutile au prétentieux qui en eût attendu quelque tardif bonheur. Mais elle était demeurée avenante au possible et d'un abandon extrême. On l'appelait Jenny, et ces deux femmes étaient l'orgueil de la maison Oucrampton et fils, de Boston, également célèbre par ses conserves de charcuterie.

II

Quand mon ami Jacques se présenta à M. Humphry Oucrampton, patron de la caso, comme on dit en Espagne, avec une lettre très chaude de M. Potin qui s'intéressait vivement à lui, il était accompagné d'un jeune garçon dont il avait fait la connaissance durant la traversée et dont les façons cordiales l'avaient immédiatement séduit. Marcel Bidet — ainsi s'appelait cet adolescent — méritait de tous points cette rapide amitié. Ce n'était pas un enfant de génie, mais il causait de tout comme un autre et sans prétentions, ce qui est rare chez les ignorants. Son caractère était le plus facile du monde et, à part une certaine timidité dont le temps aurait rapidement raison, il était fait pour les relations calmes et douces de l'intimité. Sa famille l'avait envoyé en Amérique pour le dégourdir et lui donner le goût du commerce. Mais comme il se sentait quelque fortune, l'idée de hasarder son bien dans d'aléatoires travaux lui était particulièrement désagréable. Vous voyez que ce n'était pas un imbécile.

— Et vous désirez, monsieur, entrer dans la fabrication des jambons ? dit M. Humphry Oucrampton à mon ami Jacques, après avoir parcouru le factum élogieux dont il était porteur.

— C'est la volonté de ma mère, répondit Jacques.

— Et où avez-vous fait vos études préparatoires ?

— A Saint-Cyr.

— Excellente école et très avantageusement connue ici. Et votre camarade ?

— Il fera ce que je ferai.

— C'est parfait. Je manquais de monde. Messieurs, vous êtes de la maison et vous dînez ce soir chez moi.

Et l'excellent M. Oucrampton abattit ses deux énormes mains dans celles des visiteurs.

III

— Qu'elle est belle ! dit tout bas Marcel à Jacques en montrant Edith.

— Oui, mais c'est moi qu'elle regarde ! répondit Jacques. En revanche, la mère te reluque avec des yeux de requin affamé.

— Jolie perspective !

— Es-tu bête ! Et n'as-tu jamais entendu parler des femmes américaines ? Très légères en apparence, d'une tenue détestable avec les hommes, scandaleusement encourageantes, d'une coquetterie effrontée, d'une familiarité gênante à première vue, semblant se jeter à la tête des amoureux, elles n'accordent, en réalité, que ce que nos aïeux appelaient « les menus suffrages » de l'Amour, et ce sont des personnes à laisser l'ennemi se promener toute sa vie sur les bords du Rubicon, sans lui permettre de le passer jamais.

— J'aime mieux ça.

— Moi pas.

Ainsi causèrent les deux amis à voix basse, dans un coin du salon, devant que le dîner fût servi. On eût dit que le Destin les avait entendus, clément à Jacques, impitoyable à Marcel ; car le jeune Bidet fut placé à la gauche de madame Oucrampton, tandis que son heureux compagnon de route se prélassait au flanc de miss Edith.

Le repas fut plein de gaieté. M. Oucrampton venait de se débarrasser, avec une chance inespérée, de cinq mille livres de porc trichiné, au profit d'une grande maison allemande. En l'honneur de cette délicate opération, on but des vins exquis et des liqueurs de choix. Marcel n'avait pas été sans remarquer sur la face de Jacques, en train de causer avec Edith, mille grimaces joyeuses, et Jacques avait surpris, de son côté, pas mal de subites rougeurs sur le visage troublé de Marcel, à qui Jenny, éclatante comme une pivoine, tenait d'interminables discours.

— Qu'est-ce que tu as ? dit Jacques à ce dernier, quand ils purent se rejoindre au café. Tu as l'air tout chose.

— J'ai que la vieille m'a donné pour tout à l'heure un rendez-vous dans le jardin, et que ça m'embête.

— La petite aussi, mais ça ne m'embête pas, moi !

— Du reste, je suis décidé à n'y pas aller.

— Par exemple ! un Français manquer de galanterie à ce point ! Y penses-tu, Marcel ?

— C'est justement parce que j'y pense que je n'irai pas.

— Mais tu es fou ! Si sa mère reste au salon,

Edith n'osera peut-être pas en sortir. Tu vas me faire manquer le bonheur de ma vie! Marcel, au nom de notre amitié, dévoue-toi! D'abord, elle est encore très bien, madame Oucrampton. Elle est majestueuse et élégante à la fois. La force dans la douceur...

— Je te dis que c'est au-dessus de mon courage.

— Eh quoi, s'il vous plaît, monsieur? Qu'espérez-vous ou que craignez-vous? Avez-vous oublié déjà ce que je vous ai dit des dames américaines? Où croyez-vous donc que je vous ai amené? Simple flirtation, mon cher Marcel! simple flirtation! hélas! Pour toi, comme pour moi! Les bords du Rubicon seulement.

— Alors, c'est différent et, pour t'obliger, je me soumets.

IV

Deux heures après, nos deux amis se retrouvèrent ensemble, tous deux les pieds mouillés par les rosées du soir et les cheveux imperceptiblement diamantés par la brume. Pendant que l'excellent M. Humphry Oucrampton veillait à l'aménagement d'une table de whist et à la confection d'un lac de thé:

— Ah! mon ami, l'adorable fille! dit tout bas Jacques à Marcel, sur un ton singulier d'exaltation et avec des frissons de triomphe jusque dans les sourcils. Aucun des préjugés de sa race! J'étais tremblant! J'étais stupide! Je ne savais comment l'aborder. « Passez les rocamboles, my dear, m'a-t-elle dit d'une voix délicieusement ingénue. Je sais que les Français n'aiment pas ça ! »

— Tiens ! répondit Marcel d'une voix sombre, il paraît que c'est un discours de famille.

— Tu dis ?

— Je dis que c'est aussi celui que sa mère m'a tenu.

Et il tourna le dos à Jacques en crispant les poings.

— Messieurs, avec qui de vous suis-je ? demanda l'excellent M. Humphry Oucrampton, en tendant une carte à chacun de ses nouveaux commis. Ah ! mon cher Marcel, vous êtes avec ma femme.

— Encore ! soupira le jeune Bidet.

Et il s'assit mélancoliquement.

YEDDO CHEZ SOI

YEDDO CHEZ SOI

I

Mon ami le Diable Boiteux connaît certainement, sans qu'il en ait jamais parlé d'ailleurs, cet aimable baron Gontran des Andives. Car celui-ci appartient, avant tout, au monde où l'on s'amuse, et il n'est guère de fête sans ce joyeux garçon, qui joint à quelque fortune un goût sérieux pour le plaisir. Les femmes le trouvent charmant; j'entends celles qui font les faciles délices des inoccupés de son espèce.

Quant aux autres, il les connaît à peine, n'ayant qu'une sympathie médiocre pour ce qu'on est convenu d'appeler la bonne compagnie. C'est une grande prétention que celle de vouloir connaître le monde. Le demi suffit parfaitement aux gens peu ambitieux. Gontran était d'ailleurs pratique en amour. Je veux dire qu'il ne s'attardait pas volontiers aux bagatelles de la porte et connaissait assez la pièce pour en pouvoir sauter le prologue, comme les gens qui aiment à aller au spectacle quand le rideau est levé déjà.

Il y a beaucoup à dire à cette méthode. D'aucuns estiment que la préface du livre éternel qu'on lit à deux, de préférence en chemise, est ce qu'il y a de mieux dans le volume. C'est surtout l'opinion des gens qui n'en peuvent plus lire beaucoup de chapitres de suite. Mais le baron n'en était pas encore là. Il vous tournait les pages comme un enragé pour arriver impatiemment au dénouement, et prétendait qu'il aimait mieux recommencer sa lecture d'un bout à l'autre que de la savourer à trop petites gorgées, comme font les gourmets qui ne peuvent plus être des gourmands. Vous connaissez maintenant la philosophie de notre homme dans ce qu'elle a de plus essentiel. Car, pour bien connaître un de ses contemporains, ce n'est pas qui il hante qu'il faut lui demander, mais bien plutôt comment il aime. Gontran aimait, à fort peu près, à la façon des moineaux qui n'ont pas les longues tendresses des colombes. Le joli appartement qu'il occupe encore boulevard Malesherbes était comme une façon d'hôtellerie où se succédaient les voyageuses, sans jamais plus de bagage qu'un sac de nuit. Les convives changeaient sans cesse à cette table d'hôte, non pas, au moins, que le menu en fut désagréable ou insuffisant. L'ordinaire du baron était, au contraire, réputé pour abondant et soigné. Trois plats pour le moins, avec hors-d'œuvre et desserts variés. Les dames qui demandent davantage ne sont pas raisonnables vraiment.

II

Or, il y a quatre mois environ, M. des Andives lut, comme vous et moi et le reste de la société, sur les murs de Paris, l'annonce d'une vente assez particulière à l'hôtel Drouot. Il s'agissait d'une collection considérable de costumes ayant appartenu à une grande direction théâtrale vraisemblablement tombée en déconfiture. On y devait trouver de tout : des robes de moines et des armures ; des pourpres royales et de pittoresques haillons ; des écharpes d'almées et des hermines de grandes dames ; tous les accessoires, en un mot, de ce mensonge de la scène qui est comme un grand voyage à travers l'espace et à travers le temps à la fois. Assez curieux comme tous les désœuvrés intelligents, le baron s'en fut à l'exposition publique et revint le lendemain. Une robe japonaise toute décorée de fleurs et de papillons immobiles dans le frisson de la soie, l'avait extraordinairement tenté. Le malheur est que tous les objets se vendaient par lots. Il put donc satisfaire sa fantaisie, mais à la condition d'acquérir onze autres robes de même provenance. Il fallait prendre la douzaine et il la prit courageusement. Le tout lui fut expédié sur l'heure et il ne pensa plus guère à cet achat que pour trouver qu'il avait payé bien cher un bien inutile caprice.

Or, comme un matin la belle Léa, qui avait bénéficié depuis la veille au soir de cette hospitalité de nuit, dont M. des Andives était le philanthropique fondateur, s'habillait avant de dire à son bienfaiteur, un adieu peut-être éternel, elle retroussa, en se peignant, sa magnifique chevelure d'un noir presque bleu, au-dessus de son front, la laissant pendre fort avant sur ses reins où palpitait la batiste de sa chemise et cette coiffure nouvelle lui donna une physionomie d'extrême Orient qui frappa son hôtelier. Tout y était vraiment : le retroussis charmant des sourcils s'ouvrant comme deux ailes d'hirondelles au-dessus des yeux sombres et éclatants à la fois et qui n'étaient guère, comme ceux des fauves, qu'une prunelle à fleur de peau, sans blanc qui l'enveloppe. Le sourire lui-même avait une étrange expression.

— Quelle délicieuse Japonaise tu ferais ! lui dit le dilettante.

Et, se rappelant les trésors qu'il avait conquis à l'Hôtel des Ventes, sans avoir à terrasser aucun autre dragon qu'un commissaire-priseur, il alla quérir la plus charmante des robes dont il possédait la douzaine et invita la jeune femme à s'en vêtir. L'effet fut délicieux. Ce fut même l'occasion d'un dessert ajouté au menu sur la carte, un supplément à l'addition. Le baron ne lésinait pas avec ses pensionnaires.

— Tu devrais bien me la donner, fit Léa suppliante et ravie d'elle-même devant le miroir où elle apparaissait comme une vision d'Yeddo ou comme un des personnages de l'immortelle légende du mont Foussi.

— Au fait, pensa Gontran, ce présent-là ou un autre ! je ne les ai pas payées assez cher pour que cela constitue une folie. Et puis... le dessert valait bien ça à lui tout seul.

Et il offrit la robe à Léa qui sortit, radieuse, et, toute emmitouflée dans sa fourrure, se blottit dans une voiture où le client qui lui succéda put respirer encore une délicieuse odeur de violettes écrasées dans le corsage.

III

— J'en pourrais bien donner dix autres encore pour le même prix, se dit M. des Andives. Car une seule suffit amplement à ma collection. Et, comme il lui arrivait souvent d'être plus riche de bibelots que de monnaie frappée aux effigies en cours, il régla sa dépense de la même façon avec plusieurs des personnes à qui Léa avait glorieusement ouvert les draps. C'est ainsi qu'en moins d'un mois, la blonde Andréa, la rousse Hélène, la châtaine Hippolyte, Marguerite dont les cheveux changeaient de couleur chaque jour, Mimi dont le corsage était mieux rempli que la jupe, Baptistine dont la jupe était mieux occupée que le corsage, Constance qui ne méritait pas son nom, Mariette la myope, la presbyte Nana et Pulchérie qui n'y voyait que la nuit, comme les chats, reçurent cet immuable présent d'une robe japonaise où les oiseaux et les papillons immobiles rêvaient dans un frisson de soie, dans un paysage où le toit d'une pagode se retroussait au bord d'un lac bleu.

— Il faut que je trouve maintenant un lot d'autres choses, pensa le philosophe des Andives, qui trouvait décidément ce mode de payement plus commode que l'usage des billets de banque, voire du chèque qu'on détache douloureusement d'un carnet.

Il appelait cela : ses lapereaux et s'applaudissait *in petto* de ses économiques instincts.

Notez que, de leur côté, les dames étaient enchantées. Il avait eu l'air de leur faire croire à toutes que cette étoffe qu'il leur offrait avait été portée par la femme du Mikado.

Et il appelait cela aussi : des mi-cadeaux.

Vous voyez qu'il avait l'humeur joviale et ne dédaignait pas de rire en sa propre société, ce qui est l'indice certain d'un bon estomac et d'une conscience tranquille.

— Ne nous donneras-tu pas, cette année, une petite soirée costumée avant la fin du carnaval ? lui demanda, à brûle-point, le vicomte Adhamar des Gabelous.

Il était bon enfant comme tout ce sacré baron des Andives !

— Certainement si ! fit-il, bien que cette perspective l'ennuyât profondément.

— Je t'amènerai un charmant prince japonais récemment arrivé à l'ambassade, un mathématicien fort distingué, le célèbre Tirlapatakoko, dit le Nombril de la Lune. On en parlera dans Landerneau et au café de Paris.

Et le vicomte Adhamar des Gabelous sortit comme une flèche pour s'aller commander incontinent (je vous souhaite de l'être) un déguisement.

IV

Le vicomte Adhamar connaissait la bicherie mieux qu'un vieux garde-chasse. Ce fut lui qui se chargea de lancer les invitations pour dames. Il les fit abondantes, en homme prudent. Le hasard et aussi la confraternité qu'une même profession comporte toujours, fit que, parmi les élues, se trouvèrent mesdames Léa, Andréa, Hélène, Hippolyte Marguerite, Mimi, Baptistine, Constance, Cochonnette, Mariette, Nana et Pulchérie toutes précédemment décrites par quelqu'un de leur charme au moins. Le même hasard et aussi le désir d'éclipser des rivales en arborant un costume quasi historique, une toilette jadis portée par un souverain authentique de l'Extrême-Orient fit encore que toutes ces dames, recommandables par de si hautes vertus, arrivèrent chacune avec la robe que Gontran lui avait offerte. Les trois premières entrèrent sur un murmure d'admiration. On sourit à la quatrième ; on rit tout à fait à la cinquième ; on fit : oh ! à la sixième ; ah ! à la septième ; fichtre ! à la huitième ! bigre ! à la neuvième... et quand la douzième ferma la marche, l'hilarité fut telle que le vieux marquis des Etoupettes, qui se tenait le ventre, lâcha un juron d'un autre goût et surtout d'un autre parfum et bruyant comme les cinq cents diables.

Ces dames eurent l'idée de se grouper dans un boudoir qui attenait au petit salon et qui était tout orné de plantes exotiques. L'illusion était complète. Un véritable bateau des fleurs, le seul genre de bateaux où j'eusse aimé naviguer, après avoir glissé un triple airain non pas autour de mes flancs, comme le recommande le poète Horace, mais ailleurs que dans ma ceinture.

Le fameux Tiriapatakoko fut enfin annoncé.

Quand il pénétra dans le boudoir que j'ai décrit, une joie toute patriotique se peignit sur son visage. Touché de l'attention que son hôte avait eue pour lui, il le chercha du regard pour le remercier. Mais inutile succès de politesse. Le baron Gontran des Andives, qui voulait au moins profiter de sa propre soirée pour s'amuser, s'était déguisé de façon que personne ne put le reconnaître et, de cette façon, tout le monde était fort intrigué et gêné en même temps. Car le moyen de critiquer rien, quand on n'est pas sûr que ce n'est pas le maître de la maison qui vous écoute !

V

Cependant ces dames, ayant causé entre elles, avaient appris l'une de l'autre comment leurs robes leur étaient à toutes venues. Elles se sentaient intérieurement mystifiées, et en avaient conçu un véritable ressentiment contre l'innocent et généreux des Andives. Si elles avaient pu mettre la main dessus, dans cette foule anonyme de masques, elles lui auraient dit son fait un peu vivement.

— Vous n'êtes vraiment pas malignes, mesdames, dit Mimi, qui passait pour avoir de l'esprit comme un singe, partout où nul ne sait ce que c'est que l'esprit.

Et elle continua :

— C'est certainement notre mystificateur qui est déguisé en Japonais, fait semblant de baragouiner en français et s'est fait annoncer sous le nom de Tirlapatakoko (ce que je ne l'engagerais pas à faire à mon perroquet). Je l'ai parfaitement reconnu.

Et toutes reprirent en chœur, Andréa, Constance, Cochonnette, etc., etc., etc... :

— C'est évidemment lui.

Le vrai Tirlapatakoko, le célèbre mathématicien de Yeddo, rentrait justement, après avoir été humer un xérès au buffet. Il rentrait, le sourire aux lèvres, en pacha qui retrouve son harem.

— Attends un peu !

Et Léa le pinça si fort qu'il poussa un petit cri de chien dont on écrase la patte.

— Et moi ! — Et moi ! — Et moi !

Toutes s'étaient ruées sur lui, et, de leurs jolis ongles roses le chatouillaient à l'excès, à la façon des chats qui griffent. Celle-ci avait accaparé une épaule ; celle-là l'autre ; une troisième le flanc droit ; une quatrième le flanc gauche ; Nana les mollets, et Mariette, qui aimait les gros ouvrages, tortillait le charnu des assises avec la rage d'un tourneur de vis. Le malheureux riait, pleurait, gesticulait, tressautait, gambillait comme un chevreau attaqué par des abeilles.

De la robe brune d'un moine jaillit le baron Gontran des Andives qui délivra son hôte. La colère des dames était épuisée. Elle ne se reporta pas sur lui et tout le monde rit beaucoup, même l'excellent Tirlapatakoko qui était néanmoins couvert de bleus sous son riche jupon de moire déchiré en maint endroit. En rentrant le soir à l'ambassade, il écrivit sur son carnet cette philosophique pensée : « Les Japonaises de Paris sont joliment plus méchantes que celles d'Yeddo. »

Et je suis absolument de son avis.

AUTUMNA

AUTUMNA

Ces premiers jours d'automne sont ceux des promenades les plus belles à travers la mélancolie naissante des bois. Un frisson de rouille à peine courant aux cimes des grands arbres dans l'ensanglantement des plantes grimpantes. Sur le sable tiède encore des allées s'abat l'agonie muette des papillons dont les ailes lentes palpitent sans retrouver le bleu chemin du ciel. Les ruisseaux emportent, à travers les mousses, comme des avares une proie d'or, les premières feuilles mortes. Il vole des souvenirs dans l'air vide de parfums vivants, les souvenirs des belles heures vécues et parties dans les souffles déjà lointains du printemps.

Nous nous étions promis, celle qui m'est meilleure que le printemps et moi-même, d'aller loin, bien loin dans les paysages d'où Paris n'apparaît que comme un troupeau couché dans un ravin et qu'un berger, nommé Panthéon, garde enveloppé dans son lourd manteau. Nous avions pris le train, tout à cette pensée de respirer, dans l'arome mortel des déclins, les joies qui nous furent communes, dans quelque coin perdu de forêt, dans la musique vague des branches qui vibrent comme des lyres sous l'haleine plus proche du ciel, dans le tressaillement des choses qui se font belles avant de mourir. Elle portait encore une robe d'été, aux transparences exquises, mouchetée de petits points rouges comme des gouttes de sang, une robe impertinente qui semblait défier le premier froid des soirs plus tôt venus. Jamais elle ne m'avait paru plus charmante et plus mystérieusement redoutable, avec son sourire énigmatique de Joconde et ses lourds cheveux de bacchante malaisément retroussés sous la paille du chapeau. Moi qui subis toutes les tristesses de la nature, comme les moineaux francs, j'étais plein de terreurs superstitieuses devant cette beauté souveraine épanouie dans l'universel désenchantement. Car il n'est de peines réelles et de joie vraies que dans l'amour.

***

« *A*, noir ; *E*, blanc ; *I*, bleu ; *O*, rouge ; *U*, jaune. »

dit une voix amie derrière moi, au moment où, l'ombrelle de ma mie à la main et rabattant soigneusement ses jupes devant moi, j'allais monter en wagon. Je reconnus immédiatement le timbre de Paul Arène et, aussi, dans ce discours étrange, la formule symbolique des Décadents, le sublime verset de l'Évangile d'Arthur Rimbaud qui, le premier, fit de l'alphabet une palette et dont Paul Verlaine, dont j'admire fort le talent, ne fut que le saint Jean précurseur. J'aurais maudit tout autre voisinage que celui de l'auteur de *Paris ingénu* et de la *Gueuse parfumée*, ces deux merveilles de beau français. Mais Arène me jura qu'il nous quitterait dès le premier bouquet d'arbres pour méditer lui-même solitairement et penser à Sisteron tout à son aise. Et, après ce serment solennel, il reprit :

* *

« *A*, noir ; *E*, blanc ; *I*, bleu ; *O*, rouge ; *U*, jaune. »

Ce qui a toujours distingué Paul Arène, c'est un sentiment de contradiction qui, presque toujours, chez lui, n'est qu'une révolte du sentiment de la justice.

— Et ces pauvres consonnes ! me dit-il tout à coup furieusement, comme un homme qui vient de découvrir une grande iniquité sociale, qu'est-ce qu'elles avaient fait à ce monsieur Rimbaud pour qu'il dédaignât de leur donner une couleur ?

— C'est, en effet, lui répondis-je, la marque d'un esprit étrangement partial.

Et, durant ce temps, ma compagne rêveuse chiffonnait délicieusement les clartés de sa jupe dont le pointillage de pourpre semblait s'égrener, comme un chapelet, sous ses jolis doigts gantés. Et elle semblait très absorbée dans cet ouvrage et profondément indifférente aux regards passionnés dont je l'enveloppais, tout en écoutant les belles choses que me disait le poète :

— Oui, certes, c'est une infamie, reprit celui-ci, que ce délaissement des consonnes. Mais je les vengerai. Et moi aussi je lancerai mon cri de guerre dans le chemin du progrès poétique.

Et Arène s'écria d'une voix forte, comme un héraut d'armes qui somme une citadelle de se rendre :

« *B*, noir; *C*, blanc; *D*, bleu; *F*, caca-dauphin, na! »

Et je défie qu'on me prouve que je les vois autrement.

C'est sur cette proclamation vigoureuse que nous descendîmes pour nous séparer.

*
* *

Qu'il faisait bon, quand Dieu, dans la fraîcheur des ombres traversées çà et là par les flèches amorties du soleil, lesquelles semblaient s'ébarber en un éclaboussement d'or, en se brisant aux branches ! Nous avions marché tout d'abord devant nous, au hasard des allées qui s'ouvraient à nos pas, des allées se fermant encore en dômes verdoyants d'où les vignes vierges pendaient comme des stalactites flottantes. Une halte de temps en temps, pour prendre un baiser sur les lèvres qui se serraient malicieusement, pour voler une étreinte muette dans ce silence fait pour ne laisser entendre que les battements du cœur. Elle avait des peurs charmantes, mais cruelles pour moi, que sa robe ne fût fripée dans mes embrassements ou qu'une caresse maladroite décrochât sur ses épaules l'édifice mal solide de son chignon. De quoi aurions-nous l'air ensuite? Oui! de quoi?

Un peu de lassitude lui vint enfin de cette marche à l'aventure. De si petits pieds ne sont pas faits pour les longs voyages des pèlerins! Mais où s'asseoir, je vous prie? Les talus de gazon n'étaient pas rares, mais l'herbe en était fraîche encore des rosées matinales que ne sèche plus la soif ardente des midis ensoleillés. Nous dûmes renoncer, pour cette raison, à beaucoup de sièges naturels et commodes. Mais une halte en bois n'est pas un bain de siège. Elle était fatiguée cependant, très fatiguée, la chère créature! J'appelai à mon aide le génie de Robinson. Il y avait là tout alentour des branches coupées. Quelque malandrin qui avait commencé sa provision hibernale et que le garde champêtre avait troublé dans son nocturne larcin. De mon paletot plusieurs fois replié je fis un coussin très convenable et j'élevai, par derrière, un échafaudage de menu bois, délicieusement élastique, une façon de dossier pliant et souple sur lequel il serait exquis de s'appuyer. C'est dans une clairière largement aérée et notablement moins humide que ses environs que j'improvisai ce trône à celle que je voudrais assise dans mon cœur, si Dieu me l'eût fait aussi large que le trône légendaire de Dagobert le mal culotté... Qui dira les charmes de sa personne ainsi voluptueusement installée, l'alanguissement de son corps le long de cet agreste canapé, et la délicieuse façon dont ses jambes lasses se rejoignaient au croisement des chevilles ? J'étais en contemplation véhémente devant ce spectacle merveilleux, oui, véhémente et passionnée. Car jamais son beau regard n'avait été moins sévère et son sourire plus engageant... Je n'y tins plus et je me précipitai à la diable... Crac! crac! crac !... le menu bois se mit à crier, puis à rompre, et, tout en se défendant, voilà qu'elle perdit l'équilibre et roula sur le dos dans un enveloppement si imparfait de ses jupes que jamais pleine lune aussi complète n'enchanta mes regards... Toute la lyre, quoi! Mais sans musique cependant...

.*.

Elle m'avait pardonné, sans doute ; car nous revenions bras dessus, bras dessous, serrés de très près l'un contre l'autre. Elle avait été bien en colère, cependant, et m'avait juré de de plus me revoir. Moi, j'étais encore sous l'éblouissement de ce que j'avais vu, terrassé par cette apparition victorieuse. Le voyageur qui a tenté du regard les blancheurs arrondies de l'Hymalaya neigeux n'éprouva jamais une fierté pareille dans l'âme. Le séraphin glorieux qui exerce dans les jardins paradisiaques l'emploi de jardinier des lys célestes ne marche pas, plus solennel, dans son rêve étoilé de candeur. Le tranquille pasteur de consolations qui mène brouter les astres dans les plaines de la voie lactée ne repaît pas plus délicieusement ses yeux de cette clarté d'argent éparse dans le ciel... Il roulait, sous mon front, dans mon cerveau élargi, comme une planète énorme, cet astre aperçu dans la nuée des mousselines envolées.— Ah! Ce fut elle qui poussa ce petit cri dont je fus réveillé. Au détour d'un sentier, un homme ne s'était-il pas dressé devant nous, un homme pensif qui semblait perdu dans une rêverie sombre. — Rassure-toi, fis-je doucement à ma compagne, c'est Paul Arène qui fait des vers. Et m'approchant du solitaire qui nous avait si fort effrayés, mais que mon amitié avait reconnu avant mes yeux :

— Qu'as-tu qui te rende ainsi malheureux? lui demandai-je.

— Je cherche, me répondit-il d'une voix où tremblait l'impatience, de quelle couleur peut bien être le Q.

Nous ne voulûmes pas troubler sa méditation davantage et nous nous retirâmes discrètement, moi bénissant le Seigneur de ce que, pour une fois, il m'avait rendu plus érudit que mon camarade, d'ordinaire plus savant que moi.

FIN

TABLE DES MATIÈRES

Flute et basson	1
Séraphine	13
L'instantané	23
La chambre d'Élise	35
Le faux pendu	45
Azor	55
Nuit blanche	65
La grenouille et le veuf	75
Arcades ambo	85
Pas de chance !	95
L'aveu	105
La concession	115
L'hypnotisé	125
Oh ! John !	137
La belle teinturière	147
Petits bourgeois	159
Somptueux récit	171
La poupée	181
Amours d'autrefois	191
Bucolique	203
Crime et chatiment	213

Au pays du ranz	229
Impertinence	239
Conte incongru	243
Le tout petit Faust	253
L'ignifuge Mistrouquette	261
La légende de la tulipe	273
Flirtation	283
Yeddo chez soi	293
Autumua	305

ÉMILE COLIN — IMPRIMERIE DE LAGNY

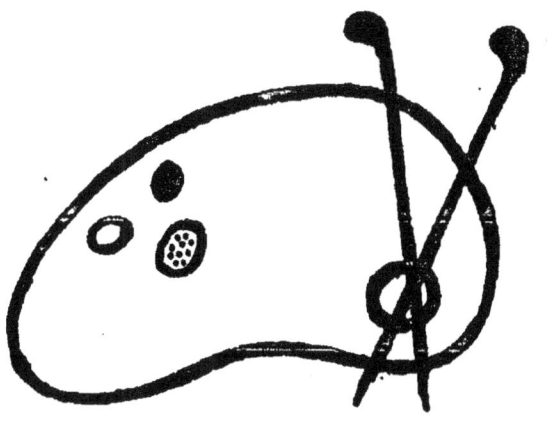

Original en couleur

NF Z 43-120-8

www.ingramcontent.com/pod-product-compliance
Lightning Source LLC
Chambersburg PA
CBHW071317150426
43191CB00007B/651